2023年重庆市教育委员会人文社会科学研究一般项目（23SKSZ007）成果

"三全育人"视域下来华留学生中国国情教育新探索

主 编 / 刘 猛　刘承宇
副主编 / 杨 昆

西南大学出版社
国家一级出版社　全国百佳图书出版单位

图书在版编目（CIP）数据

"三全育人"视域下来华留学生中国国情教育新探索/刘猛,刘承宇主编. -- 重庆：西南大学出版社,2024.3
ISBN 978-7-5697-2233-8

Ⅰ.①三… Ⅱ.①刘… ②刘… Ⅲ.①留学生－国情教育－研究－中国 Ⅳ.①D643

中国国家版本馆CIP数据核字(2024)第051465号

"三全育人"视域下来华留学生中国国情教育新探索

主　编　刘　猛　刘承宇
副主编　杨　昆

责任编辑：刘江华
责任校对：万珊珊
装帧设计：闰江文化
照　　排：王　兴
出版发行：西南大学出版社（原西南师范大学出版社）
　　　　　网　址：http://www.xdcbs.com
　　　　　地　址：重庆市北碚区天生路2号
　　　　　邮　编：400715
　　　　　电　话：023-68868624
经　销：新华书店
印　刷：重庆新生代彩印技术有限公司
成品尺寸：170 mm×240 mm
印　张：11.75
字　数：190千字
版　次：2024年3月　第1版
印　次：2024年3月　第1次印刷
书　号：ISBN 978-7-5697-2233-8

定　价：48.00元

编者语

来华留学教育作为中国特色社会主义高等教育事业的一部分,需要全面落实立德树人根本任务,切实回答"培养什么人?怎样培养人?为谁培养人?"这一教育根本问题。习近平总书记给北京大学留学生回信中,鼓励留学生要"主动了解中国国情和中国共产党历史""多到中国各地走走看看,更加深入地了解真实的中国,同时把你们的想法和体会介绍给更多的人,为促进各国人民民心相通发挥积极作用"。因此,中国国情教育不仅是来华留学生了解中国的知识基础,还是推动来华留学工作育人实效的重要途径,更是促进他们"知华友华爱华"的逻辑起点。

来华留学生国情教育本质上属于思想政治教育范畴,其内在要求与"三全育人"综合改革总体目标一致,"十大育人体系"同样适用于来华留学教育。自2018年以来,西南大学遵循"三全育人"理念,多渠道、多领域搭建国情教育平台,探索"党建+来华留学生中国国情教育"新路径,构建"第一课堂"与"第二课堂"同频共振,"交流思想"与"传递价值"相辅相成的国情教育新模式,打造"缙云知华"来华留学生国情教育新品牌。学校关于国情教育的理论研究和实践探索,在重庆市内各高校发挥了示范引领作用,在全国范围内获得了广泛关注。

依托"缙云知华"国际学生辅导员/班主任工作坊这一平台,西南大学联合重庆市内十余所高校一线来华留学教育管理人员,围绕"'三全育人'视域下来华留学生中国国情教育新探索"这一课题,从国情教育的历史进程、育人个体、育人组织、形态建构、时空场域、评价反馈等六个维度展开了为期两年的系统研究,力求让来华留学生中国国情教育在"十大育人体系"的范式中得以落实,推动立德树人根本任务在来华留学生教育工作实践中落地见效。2023年8月25日,全国70余所高校的代表齐聚北京,召开"来华留学生中国国情教育研讨会"。会议强调,贯彻习近平总书记在中共中央政治局第五次集体学习时的重要讲话精神,讲好中国故事,传播中国经验,发出中国声音,增强我国教育的国际影响力和话语权。而这,也是我们编写本书的初衷。

由于水平有限,本书疏漏之处在所难免,敬请读者不吝批评指正。

编写组

2023年12月30日

CONTENTS
目 录

第一章 引论…001

第一节　时代背景与现实意义…002

第二节　核心概念的再认识…004

第三节　研究的逻辑意蕴…010

第四节　研究重点及路径…012

第二章 来华留学生国情教育的历史进程…017

第一节　探索起步期:1950—1962年…019

第二节　调整适应期:1962—1989年…022

第三节　规范认同期:1989—2012年…026

第四节　引领践行期:2012年至今…030

第三章 来华留学生国情教育的体系构建 ···035
第一节 来华留学生国情教育的育人主体 ···036
第二节 来华留学生国情教育的时空经纬 ···070
第三节 来华留学生国情教育的场域空间 ···098

第四章 来华留学生国情教育的实施与评价 ···135
第一节 来华留学生国情教育目标定位 ···136
第二节 来华留学生国情教育设计 ···137
第三节 来华留学生国情教育质量评估标准 ···167

主要参考文献 ···174

后 记 ···178

第一章

引论

第一节
时代背景与现实意义

1.时代背景

来华留学生中国国情教育(以下简称"国情教育")是来华留学生(以下简称"留学生")教育的重要内容之一,其目的在于让留学生认识了解一个可信、可爱、可敬的中国,进而达到培养"知华友华爱华"人士的育人目标。在新时代来华留学政策的宏观指引下,国家、地方、高校相继开展了一系列留学生国情教育的理论探索和实践尝试。2017年教育部、外交部、公安部联合发布的《学校招收和培养国际学生管理办法》(以下简称"42号令")明确规定"汉语和中国概况应当作为高等学历教育的必修课",并首次将国情教育列为高校来华留学教育管理的重要职责,在政策文件中予以固化;2018年教育部印发的《来华留学生高等教育质量规范(试行)》(以下简称"规范")更是将"对中国的认识和理解"定位为来华留学人才培养目标之一,并对留学生明确提出了"熟悉中国历史、地理、社会、经济等中国国情和文化基本知识,了解中国政治制度和外交政策,理解中国社会主流价值观和公共道德观念,形成良好的法治观念和道德意识"的具体要求。以《中国概况》为主体的中国国情课程教材与建设成果频频,与时俱进地向留学生讲述着中国故事;以"感知中国"为代表的各类留学生社会实践和文化考察活动如火如荼,带领留学生走出课堂,去了解真实、立体的中国。

与此同时,留学生国情教育面临着严峻的考验。从内部看,各高校对于留学生国情教育的认识和重视程度不一,部分学校受锢于过时陈旧的国情教育思路,对于新要求"敏感性不强""思想价值引领不够",存在"不作为""慢作为"的现象;学校内缺乏留学生国情教育统筹管理机制,尚未形成校内协同育人合力;来华留学工作者在该领域多止步于实践尝试和经验梳理,对于留学生国情教育的育人属性和理论研究关注不足;一些留学生安全法治意识淡薄,治安刑事案件屡禁不止。从外部看,国家层面尚无对于国情教育的操作性政策指导,科学量化的教育评价体系没有形成;很多地方教育主管部门对于留学生国情教育缺乏矩阵式政策支撑,致使宏观层面的工作要求难以落地;一些地方出入境、宣传、文旅等部门观念保守、力量分散,未能创设国情教育必要的外部环境;当前社会对于留学生的认同度普遍不高,近年来涉及高校留学生的负面舆情时有发生。

在2021年,时值中国共产党建党百年之际,习近平总书记复信北京大学留学生,深刻指出"读懂今天的中国,必须读懂中国共产党",对于新形势下的留学生国情教育工作提出了更高的要求。如何通过国情教育增强留学生对中国、中华民族、中华文化、中国共产党、中国特色社会主义的全方位认同?如何在国情教育工作中落实来华留学教育的立德树人根本任务?又如何在来华留学教育中坚守为党育人、为国育才的教育使命?这些成了每一个来华留学工作者都必须要回答的时代之问。

2. 现实意义

在理论层面,本研究将"三全育人"理论投射应用于留学生国情教育,参照"三全育人"理论中"十大育人体系"的基础框架,并结合留学生作为育人对象和国情教育作为育人内容的特殊性,梳理个体和组织协同、覆盖全员的育人主体;厘清时间和空间交织、贯穿全过程的育人进程;探讨现实与虚拟共生、整合全方位的育人场域,进而尝试完成留学生国情教育理论体系的初步构建。

在实践层面,本研究紧扣留学生国情教育实践,从"三全育人"理论视角出发,积极创新教育形式,具有较强的探索性和实践性,为一线国情教育工作的开展提供设计思路、实践路径和优秀案例。此外,本研究从多个维度探讨留学生国情教育效果的影响因素,从而构建国情教育效果评估标准和体系,为来华留学生中国国情教育质量评估提供重要参考。

第二节 核心概念的再认识

本研究中涉及的核心概念有"三全育人""国情教育""来华留学生国情教育",它们在实际工作和学术研究中存在已久,但学界对其认识却是仁者见仁、智者见智。鉴于此,有必要在前人研究的基础上对以上核心概念进行再认识,梳理它们的定义、内涵与外延,以便更好地阐明本研究的主旨与大意。

1."三全育人"

"三全育人"即全员、全过程、全方位育人。从新中国成立初期"教育育人、管理育人、服务育人"的"三育人"理念为开端,"三全育人"经历了漫长的发展演变过程。进入中国特色社会主义新时代,在习近平新时代中国特色社会主义建设进程中,形成习近平总书记关于"三全育人"的重要论述。2016年12月,习近平总书记在全国高校思想政治工作会议上指出:"高校思想政治工作关系高校培养什么样的人、如何培养人以及为谁培养人这个根本问题。要坚持把立德树人作为中心环节,把思想政治工作贯穿教育教学全过程,实现全程育人、全方位育人,努力开创我国高等教育事业发展新局面。"[1]2017年,中共中央、国务院印发的《关于加强和改进新形势下高校思想政治工作的意见》把"坚持全员全过程全方位育人"作为五大基本原则之一,并从教育教学全过程和各环节对"三全育人"的实现路径进行了阐释。同年,教育部出台了《高校思想政治工作质量提升工程实施纲要》,倡导在省级层面打造"三全育人共同体",在校级层面构建课程、科研、实践、文化、网络、心理、管理、服务、资助、组织等"十大育人体系",形成学校、家庭和社会教育有机结合的育人机制。2018年,教育部从省级、校级、院级三个层面,牵头推进"三全育人"综合改革试点工作。2019年,党的十九届四中全会首次从制度层面提出"加强和改进学校思想政治教育,建立全员、全过程、全方位育人体制机制"的要求。

在深入贯彻"三全育人"指导思想的过程中,基于教育者和教育对象的不同,形成对"三全育人"的不同认识和理解。通过梳理已有研究文献,我们发现学界对于各类中国学生和留学生作为受众的"三全育人"内涵外延均已有探讨。

张睿(2020)指出"三全育人"本质是协同育人,并从协同的视角提出开放性是"三全育人"协作系统的本质要求,序参量是"三全育人"有序运转的关键因素,自主性是形成"三全育人"长效机制的内在动力。全员育人的实施主体发生了转变:从传统的思想政治理论课教师扩展到专业教师,从大学生思想政治教育部门扩展到高校其他行政管理服务人员,从高校扩展到家庭、企业、社区机构、民间组织等,开展育人工作的队伍进一步开放扩大。全过程育人是将育人扩展到教育教学以及学生成长成才的全过程,从思政课程扩展到所有学科的课程思政,把立德树人贯穿基础教育、职业教育、高等教育各领域。全方位育人是将课内与课外、线上与线下、现实与虚拟网络相结合,融合家庭、学校、社区、政府以及网络等多个育人空间,突破传统单一的育人途径。[2]

韦莉莉(2019)认为全员育人的主体包括学校、家庭、社会、学生,是"四位一

---

[1] 习近平在全国高校思想政治工作会议上强调:把思想政治工作贯穿教育教学全过程 开创我国高等教育事业发展新局面[N].人民日报,2016-12-09.
[2] 张睿.协同论视域下高校"三全育人"实施的机理与路径[J].思想理论教育,2020(1):101-106.

体"的。在学校,施教者不仅包括辅导员、班主任、思政课教师,还包括专业课教师、党政管理人员、后勤服务人员以及其他教学辅助人员。全程育人将育人活动贯穿于学生生活和学习的全过程。全方位育人主要包含立体化、多样化、层次化的育人方式和手段,以及系统化、全面化的育人内容。①

刘承功(2019)认为全员育人涵盖高校育人的各类主体,既包括学生思想政治工作专门队伍,也包括所有教学科研和管理服务人员,还包括学生群体自身,还涉及家庭、社会等育人主体。全过程育人蕴含高校育人的完整过程,既包括学校教育教学的全过程,又包括学生在校期间成长成才的全过程。全方位育人涵盖高校育人的各种途径和载体,包括课内课外、线上线下、校内校外等各方面的空间或场域。②

胡清国、雷娇(2021)认为来华留学生全员育人包括来华留学生管理工作人员、留学生辅导员、教师、家长、留学生自己、社区及物业管理人员等。全过程育人是指贯穿来华前期帮助留学生了解、适应中国国情,来华中期鼓励、扶持留学生完善自我,来华后期做好留学生毕业就业相关工作。全方位育人是指要结合留学生日常生活中一切有利的信息载体,建设教书育人、文化育人、科研育人、实践育人、服务育人、管理育人、组织育人的全方位格局,将育人育德教育全方位融入高校教育教学的各个环节。③

杨晓慧(2022)认为全员育人是指构建来华留学生德育共同体,包括高校、家庭、留学生自己以及社会层面。全过程育人根据留学生培养的不同阶段实现长期、动态的道德教育,将立德树人贯穿高等院校教育教学全过程和学生成长成才全过程。全方位育人是指协同多方面教育内容,综合提升留学生德育效果,从校

---

① 韦莉莉."三全育人"在职业教育领域实施的理念与路径[J].职业技术教育,2019,40(35):73-76.
② 刘承功.高校"三全育人"的核心要求、目标任务和实现路径[J].思想理论教育,2019(11):92-95+111.
③ 胡清国,雷娇."三全育人"视域下来华留学生教育管理研究[J].纺织服装教育,2021,36(6):503-508.

内与校外、课内与课外、线上与线下多个维度达成立德树人的根本任务。[①]

王艺潼(2022)认为全员育人应该构建由专任教师、辅导员、班主任、后勤服务、安保人员、学生社团共同组成的全员育人体系。全过程育人包括课堂教学过程、校园文化建设及中华文化宣传过程以及个人发展规划的过程。全方位育人就是要利用线上、线下各种资源平台,充分发掘教育学习资源,加强留学生专业知识教育和思想道德教育。[②]

综上所述,结合留学生国情教育实践,本研究对于"全员育人"的理解倾向于张睿的观点,即从以思想政治理论课教师、专业教师、行政管理服务人员等为代表的育人个体,和以高校、企业、社区机构、民间组织等为代表的育人组织两个维度来建构育人主体;对于"全过程育人"的理解倾向于王艺潼的观点,即从覆盖教育教学以及学生成长成才的时间轴,和贯穿国家宏观层面、地区中观层面、校园微观层面的空间轴两个维度梳理国情教育的时空经纬;对于"全方位育人"的理解倾向于张睿的观点,即从现实与虚拟网络两大角度,探讨教室、宿舍、社区、政府、网络等融合多维度的育人场域。

2.国情教育

国情意指一个国家在一定历史阶段各个方面的基本情况,如山川地理之自然国情、政治经济之社会国情,既有脱胎于发展历程之史情,也有厚植于现实当下之实情。国情教育是指以国情为教学内容对学习者开展的教育活动。从已有研究文献来看,国情教育的对象主要是本国国民,其教育目的在于增进和增强他们对本国和本民族的了解和认同。

苏寿桐(1991)认为国情教育是对自己国家的人民进行国家基本情况的教育。认为国情教育应当把重点放在中国近代史、现代史的重要问题上,力求客

[①] 杨晓慧."三全育人"视域下的高校德育实践研究——以来华留学生为例[J].佳木斯职业学院学校,2022(6):129-131.
[②] 王艺潼."三全育人"视域下来华留学生思想教育路径探究——以江苏信息职业技术学院为例[J].佳木斯职业学院学校,2022(1):119-121.

观、真实地把国家的基本情况告诉今天的中国人,尤其是青少年。[①]

陈红(2020)认为国情教育是基础教育的重要内容之一。探讨了目前中小学国情教育存在的主要问题及其原因,例如:国情教育只见情感,不见理性;只见抽象的人,不见"在场"的"我";只见发展"成就",不见其背后的"人";只见结果,不见行为动机,缺少对具体而复杂的"人"的深层理解;等等。厘清了国情认识和国情教育的本质区别。在此基础上,论者认为我国的国情教育就是以马克思主义理论为指导,促使学生全面、真实地了解中国国情,特别是当下中国特色社会主义基本情况的教育活动,其目的及育人价值在于通过教育使中小学生形成强大的向心力、凝聚力,并愿意为把我国建设成为富强、民主、文明的社会主义现代化强国而共同奋斗。[②]

罗道全(2013)认为国情教育就是通过教育使(本国)学生了解中国的历史、现状和社会发展的趋势,提高他们的思想政治素质,使他们更加关心、热爱自己的祖国,使教育主动适应经济建设和社会发展的需要。进而认为国情教育应以正面教育为主,讲授我们民族优秀的文化传统,中华文明的博大精深及对人类文明的巨大贡献,中华人民共和国成立以来社会主义物质文明和精神文明建设的巨大成就,以及我们在现代化建设中的优势等。从而激发学生的民族自豪感、自信心,使他们更加热爱自己的祖国和社会主义事业,坚定其建设现代化强国的信心,为今后从事现代化建设打下坚实的基础。[③]

综上所述,本研究认为国情教育是贯穿我国不同教育阶段的重要教学内容,内容包含中华民族优秀的文化传统,中华文明及其对人类文明的贡献,尤其是中华人民共和国成立以来社会主义物质文明和精神文明建设的巨大成就和优势。其教育目的在于提高不同阶段学生的思想政治素质和爱国情怀。教学应当秉持客观、真实的原则,以正面教育为主,采用讲述和实践相结合的方式,力求让学生全面、深入地了解祖国的基本情况,激发他们的爱国之情。

[①] 苏寿桐.国情教育浅议[J].课程·教材·教法,1991(12):9-12.
[②] 陈红.国情教育:以立人为导向[J].思想政治课教学,2020(5):32-34.
[③] 罗道全.高校必须加强国情教育[J].求实,2013(A2):232-234.

3.来华留学生国情教育

从已有研究来看,学者普遍认为留学生国情教育的内涵外延有别于中国学生的国情教育。胡清国、张雪(2020)认为留学生国情教育是指针对留学生进行的中国基本情况的介绍与说明,既包括自然情况的介绍,也包括人文情况的说明。国情教育涵盖两个方面:一是自然国情,指的是中国的地理、资源、人口等;二是人文国情,主要包括历史传统、政治体制、经济制度、社会习俗等。前者是一种显性的国情,后者是隐性的,需要感知、体验的文化内容。①

陈秀琼、袁媛(2020)认为留学生国情教育是以我国的政治制度、经济发展、历史文化和自然生态等实际情况为内容,结合留学生群体的特点,依托课堂、校园文化和社会实践等方式,引导和教授他们认知中国国情知识、内容及学习方法的教育活动②。

沈庶英(2021)认为留学生国情教育的内容主要包括中国的政治体制、政党制度、国家发展战略、外交政策、人文地理等。国情教育可以通过专业课程教学和社会实践两个途径进行,使留学生全面了解中国社会,认识真实、现代、现实的中国。③

贾兆义、赵宝永(2022)将留学生国情教育理解为:我国高等院校通过课堂、社会实践、文化体验等方式,以开展中国历史、经济社会发展、中华优秀传统文化教育为主要内容,使来华留学生了解中国历史、地理、政治、经济等各方面基本情况,以增进留学生对中国理解的教育活动。④

既有研究均指向了留学生中国国情教育的内涵,但是结合本研究的路径,本书关于留学生国情教育的理解更接近贾兆义、赵宝永的观点,即高校通过专业课程教学、社会实践活动、文化体验等方式,以中国政治、历史、经济社会发展,中华优秀传统文化,社会主义物质文明和精神文明建设的巨大成就等为主要内容,以增进来华留学生对中国全方位理解的教育活动。2014年5月9日,习近平总书

---

① 胡国清,张雪.来华留学生中国国情教育的基本原则[J].纺织服装教育,2020,35(4):283-287.
② 陈秀琼,袁媛.教育国际化背景下来华留学生中国国情教育的路径探索——以福建省5所高校调查为例[J].高校辅导员学刊,2020,12(3):87-91.
③ 沈庶英.来华留学生课程思政:基于学科交叉的统整建构[J].教育研究,2021(6):92-99.
④ 贾兆义,赵宝永.来华留学生中国国情教育路径研究[J].世界教育信息,2022,35(7):36-41.

记在参加河南省兰考县委常委班子专题民主生活会时明确指出"中国最大的国情就是中国共产党的领导"。习近平总书记在2021年6月21日给北京大学留学生们回信中指出:"读懂今天的中国,必须读懂中国共产党"。新形势下显隐并举的党情教育已然成为留学生国情教育的核心内容。此外,在地地情、学校校情、学院院情,作为留学生最先且最易感知的身边的国情,与留学生的在华日常学习生活息息相关,本研究认为这些内容也是广义上留学生国情教育的重要组成部分。

第三节

研究的逻辑意蕴

本研究选择以"三全育人"的视域探讨留学生国情教育工作,并非"三全育人"理论模型的简单嫁接,而是基于对"三全育人"与"留学生国情教育"之间内在逻辑的深刻洞见。

1.本质同一性

"三全育人"的本质在于"育人",本质上是党和国家对高校思想政治工作的根本性指导原则,即各校内外教育主体都要自觉在各自本职工作中实现对学生直接或间接的思想价值引领;学生学业成长和个人成长的全周期都需要将立德树人贯穿始终;校内与校外、课内与课外、线上与线下等场域空间需要协同发力、互补互动,构建综合融通的"大思政"格局。[①]

---

① 杨晓慧."三全育人"视域下的高校德育实践研究——以来华留学生为例[J].佳木斯职业学院学报,2022(6):129-131.

来华留学教育作为中国特色社会主义高等教育的一部分，同样需要落实"立德树人"根本任务，也亟待回答"培养什么人""怎样培养人""为谁培养人"的根本问题。随着来华留学教育从规模扩张阶段到提质增效阶段，国情教育促使留学生熟悉中国国情和文化，了解我国政治、经济、社会的发展概况，是培养其"知华友华爱华"的逻辑起点，在引领中国社会主流价值和形塑中国公共道德观念上也发挥着越来越大的作用。因此，留学生国情教育工作归根结底是育人工作，本质上同样蕴含着思想政治教育属性，是"三全育人"在来华留学教育工作中的最佳载体和鲜活体现。

2.要求契合性

"三全育人"的内在要求在于"三全"。从内部看，全员、全方位、全过程不仅是开展思想政治工作的基本遵循，也高度契合了教书育人规律和学生成长规律。从外部看，全员、全方位、全过程也是时代形势的必然要求。随着以人工智能和大数据技术为代表的第四次科技革命的深入演进，高等教育的格局、人才需求的结构和未来学习的模式正在发生着深刻改变。在教育理念上，更加强调全面发展、终身学习与整合协同育人；在技术手段上，突出运用互联网、大数据、慕课等新兴教育载体和平台，实现全时空、跨领域的有效覆盖，提升教与学的双向自组织能力。[1]因此，开展思想政治教育工作需要构建全员参与、多方协同的育人体系，形成全周期、长时段、接续性的育人机制，形成多方协作、同频共振的"大思政格局"。

长期以来，留学生国情教育一直存在育人主体单一、育人进程割裂、育人场域局限的现实问题，要推动来华留学教育提质增效，必然要求留学生国情教育在全员全过程全方位的工作遵循下向纵深开展。此外，伴随着瞬息万变的国际形势和国内状况，在留学生国情教育中同样需要"因事而化、因时而进、因势而新"。

---

[1] 杨晓慧."三全育人"视域下的高校德育实践研究——以来华留学生为例[J].佳木斯职业学院学报,2022(6):129-131.

3.操作兼容性

"三全育人"作为国家在思想政治教育工作领域的顶层设计,在经历了漫长的论证、完善和发展之后,已具备了相对成熟丰富的政策积累和实践经验。教育部不仅印发了《高校思想政治工作质量提升工程实施纲要》,作为指导高校构建思想政治工作质量体系,形成全员全过程全方位育人格局的纲领性文件,还发布了《关于开展"三全育人"综合改革试点工作的通知》,在省级、校级、院级三个维度开展"三全育人"综合试点改革实践。

从操作层面反观留学生国情教育工作,不难发现除了国家层面的若干文件对于国情教育有所提及外,从地方到学校缺乏矩阵式政策支撑,致使不少国情教育的顶层要求在基层难以落地。各地区和高校对于留学生国情教育的实践尝试也尚处在"散兵游勇"式的状态,缺乏各个维度的督导和评价。而"三全育人"在操作层面的一系列经验做法从底层逻辑上是和留学生国情教育完全兼容的,值得深度借鉴和学习。

第四节
研究重点及路径

1."三全育人"视域下来华留学生国情教育研究综述

纵观新中国来华留学生教育工作70余年的历史,留学生国情教育工作进展缓慢,相关研究成果较为有限,在"三全育人"视域下的理论和实践研究更是凤毛麟角。通过查阅已有相关研究文献,相关研究视角主要集中在以下方面。

"三全育人"理论对留学生国情教育具有重要的指导价值。朱晓琪等人(2021)[①]针对高等院校医学专业留学生医德教育存在的问题和短板,从全员、全过程、全方位的视角出发构建了医学留学生医德教育模式,创新医德教育思路,优化医学留学生医德教育方式,实现全员育人;加强医校联动,厚植医学专业留学生医德教育文化,实现全过程育人;多维度联动,丰富医学专业留学生医德教育载体,实现全方位育人。胡清国、雷娇(2021)[②]指出,留学生教育管理存在文化不适、易受文化认知框架影响、结群松散与硬约束乏力、思想教育主体力量和能力不足等问题。基于此,留学生教育应当注意育人主体全员性,人人参与,协同教育;育人过程连续性,循序渐进,系统教育;育人范围全面性,全方位多角度实施教育。杨晓慧(2022)[③]从"三全育人"理论出发,认为应当构建留学生德育共同体(全员),根据留学生培养的不同阶段实施长期、动态的道德教育(全过程),协同多方面教育内容和教育资源综合提高留学生德育效果(全方位)。

王艺潼(2022)[④]提出"三全育人"运用在来华留学生的思想教育工作中,能够更好地加强规范性与思想性的统一。在教学的过程中加强对来华留学生思想教育的"三全育人"教育工作,能够为培养人才制定更加科学的培养标准,落实其思想教育工作的开展,为培养人才提供更加有力的保障。同时能够更好地做到整体性和全面性的统一。加强"三全育人"教育工作,能够将立德树人作为根本的教育任务,在教育过程中整合物力和人力资源,逐渐完善教育体系,从而展开多渠道多部门的协同性工作,进一步强化对来华留学生的思想教育,使其能够全

---

① 朱晓琪,刘博京,杨伊."三全育人"理念下医学留学生医德教育创新模式研究[J].校园心理,2021,19(2):185-18.
② 胡清国,雷娇."三全育人"视域下来华留学生教育管理研究[J].纺织服装教育,2021,36(6):503-508.
③ 杨晓慧."三全育人"视域下的高校德育实践研究——以来华留学生为例[J].佳木斯职业学院学报,2022(6):129-131.
④ 王艺潼."三全育人"视域下来华留学生思想教育路径探究——以江苏信息职业技术学院为例[J].佳木斯职业学院学报,2022(1):119-121.

面发展。创新育人体系,搭建"双区平台":第一,以汉语教学为抓手,明确课程育人要求。第二,以历史文化为载体,建设素质教育平台。优化培养方案,落实"三全育人":第一,构建由专任教师、辅导员、后勤服务、安保人员、学生社团共同构成的全员育人体系。第二,在对留学生教育过程当中,要做到教育过程的精细化,对于学生的教导,不能只停留在课堂中,也可以从校园文化建设等方面入手,加强教育过程的精细化,促进学校对学生教育的全过程育人。第三,在教育过程中留学生的专业教育和思想教育要协同发力,使其相得益彰。

黄琼(2022)[1]认为加强留学生"三全教育",提高来华留学生培养质量,是来华留学事业发展的必然趋势。中医药院校来华留学生"三全育人"工作的现实困境:一是全员育人意识有待提高,育人资源整合不足。二是全过程育人谋划有待完善,育人路径创新不足。三是全方位育人域场有待扩大,育人体系缺乏整合。基于此,论者指出其优化路径为:第一,加强全员育人,构筑来华留学生教育同向发力的"同心圆"。第二,贯穿全程育人,打通来华留学生培养"最后一公里"。第三,实现全方位保障,编织交叉融合的"护航网"。

章津等人(2022)[2]梳理了来华留学生思想教育现状:第一,教育目标未明确,教育合力未形成。思想教育在留学生教育管理中一直处于"边缘地位"。第二,教育内容待深入,教育方法待改进。高校来华留学生教育多以知识-技能型教育为主,即"德、智、体"中的"智"的教育,而"德"方面的教育相对缺乏。第三,教育队伍需扩大,教育水平需提升。倡导医学留学生"四位一体"思想教育的育人实践:第一,提高认识站位,健全制度凝聚合力。第二,深化课程改革,优化内容创新形式。第三,感知国情社情,知行合一育人于行。第四,讲好中国故事,守正创新以文化人。

综上所述,"三全育人"理论正广泛应用于来华留学生国情教育之中,但是相

---

[1] 黄琼.三全育人视域下中医药院校留学生教育的探究[J].中国中医药现代远程教育,2022,20(17):194-196.
[2] 章津,陈晔,蒋小梅,王颖.基于"三全育人"理念的来华医学留学生思想教育"四位一体"模式初探[J].浙江中医药大学学报,2022,46(2):211-214.

关的研究相对较少，且不够深入全面。鉴于这种情况，本研究在"三全育人"视域下，继续探究来华留学生国情教育，以深化其研究，推动其发展。

2.本研究的核心内容

在梳理已有留学生国情教育研究基础上，针对其发展现状和现实困境，本研究旨在思考并探究以下三个核心问题。

第一，探究"三全育人"理论如何与来华留学生国情教育有机融合。当前，全员、全过程、全方位的育人理念已经渗透在来华留学生教育管理工作之中，但更多停留在表层的构想层面，如何有效地调动全员参与教育，如何自始至终全过程实施有针对性的教育，如何协同多方资源合力促进教育等一系列实际、实践问题尚未得到很好的解决，本研究将"三全育人"理论扎根于来华留学生国情教育实践。

第二，探究构建全面、高效的来华留学生国情教育体系。"十大育人体系"是落实留学生国情教育的根本保障，相较中国学生，留学生的国情教育既有一般的"共性"特征，又有特殊的"个性"特征。结合留学生跨文化特点和学校育人目标，从课程育人、科研育人、实践育人、文化育人、网络育人、心理育人、管理育人、服务育人、资助育人、组织育人等十个方面，构建行之有效的留学生国情教育体系，并形成良好的留学生国情教育运行体制机制。

第三，探究来华留学生国情教育质量评价标准。目前，各个高校根据自身的实际情况，积极地开展来华留学生国情教育，做法可谓各有千秋，但是如何来衡量或评估教育效果，学界尚未研制出一个比较适用的评价标准。本研究在多年来华留学生国情教育实践的基础上，努力构建一个来华留学生国情教育质量评价标准，抛砖引玉，供后续研究参考。

3.研究路径

本研究首先基于来华留学70年的发展史，对各个时期留学生国情教育的表现形态和时代特征进行梳理，以期全景化呈现留学生国情教育的变迁历程，揭示其演变本质,并为当下留学生国情教育工作的开展提供依据。其次,以"三全育人"理论为框架,从"全员"角度梳理个体和组织协同、覆盖全员的国情教育育人主体;从"全过程"角度厘清时间和空间交织、贯穿全过程的国情教育育人进程;从"全方位"角度探讨现实与虚拟共生、整合全方位的育人场域,进而初步构建留学生国情教育的理论和实践体系。最终,以习近平总书记先后给北京科技大学、北京大学、中国石油大学、南京审计大学的留学生回信精神为基本遵循,以42号令和《规范》为指导,以来华留学高等教育质量认证为参照,以"三全育人"视域下留学生国情教育体系为框架,多个维度探讨留学生国情教育效果的影响因素,从而尝试构建国情教育效果评估标准和体系,为来华留学生中国国情教育质量评估提供重要参考。

第二章

来华留学生国情教育的历史进程

1950年，清华大学正式设立"东欧交换生中国语文专修班"，新中国的来华留学教育自此肇始，留学生国情教育也由此发端。在70余载的发展历程中，国情教育的政策、范畴、形式、要求几经变迁，发展至今。探讨留学生国情教育的历史进程，对于厘清其主流特征和整体脉络，把握其核心本质和发展趋向，具有重要历史价值和理论意义。

从理论研究层面，虽然学界对于留学生国情教育的历史进程尚无深究，但对于来华留学70余年的发展分期已多有涉足。金晓达(1998)、于富增(2001)、田正平(2004)、程家福(2008)等学者，分别以教育交流进程、外交政治格局、来华留学教育政策等为界标，梳理过来华留学教育的历史分期。此类研究旨在勾勒来华留学工作的发展进程和整体脉络，对于切片化探究留学生国情教育具有重要的参考价值。

从形势政策层面，新中国七十余年的发展波澜壮阔，先后经历过多个历史关键点，而留学生国情教育与彼时国际国内形势、国家外交政策变化息息相关。此外，来华留学教育作为中国特色社会主义高等教育的一部分，留学生国情教育的发展也必然会跟随国家宏观教育政策及制度变迁。

从历史记载层面，虽然不少学校走过了漫长的来华留学工作历程，但正式出版的来华留学工作史寥寥无几。《燕园留云》《武汉大学外国留学生教育发展史》《七秩风华——北京外国语大学来华留学史录(1950—2020)》《足迹——对外经济贸易大学来华留学生教育发展历程》是为数不多的反映高校来华留学生工作史的公开出版物。另有若干从教师视角、留学生管理人员视角、留学生视角展开的来华留学回忆录，散见于各校的公开宣传平台中。以上资料使得对留学生国情教育的探究可以回溯至新中国来华留学工作的起点，并为探讨其历史进程提供了宝贵的史实依据。

综上所述，本研究以唯物史观为指导，以不同时期的留学生国情教育史实为依据，以相关外交战略、教育方针、政策文本为参照，将留学生国情教育划分为四个阶段，即探索起步期(1950—1962年)、调整适应期(1962—1989年)、规范认同期(1989—2012年)、引领践行期(2012年至今)。

第一节
探索起步期：1950—1962年

二战结束后不久，世界便陷入美苏冷战阴云，刚经历过战争创伤的新中国成立之初奉行"另起炉灶""打扫干净屋子再请客"和"一边倒"三大外交政策，旗帜鲜明地和美帝国主义划清界限，坚定地站在以苏联为首的社会主义阵营一边，从外交上新中国主要与当时承认中华人民共和国合法地位的社会主义国家进行相关交流。来华留学教育正是在此国际国内形势下艰难起步，从1950年"东欧交换生中国语文专修班"的组建，直至1962年《外国留学生工作试行条例（草案）》出台之前，彼时来华留学领域尚无正式的法规性文件，留学生国情教育的概念也尚未被明确提出，这是培养院校自发开展的探索起步期。

1. 国情教育对象

1950年6月，周恩来总理致信罗马尼亚领导人，提出希望两国能够互派5个年轻人到对方国家学习语言，同年12月5名罗马尼亚留学生抵达清华大学，此后一年，波兰、匈牙利、捷克、保加利亚等东欧社会主义国家的留学生陆续来华，这33名来自东欧五国的留学生共同组成了"东欧交换生中国语文专修班"，成为新中国成立后第一批来华学习汉语的外国人。1952年9月，该专修班成建制并入北京大学，改名为"外国留学生中国语文专修班"。[①]这一时期，北京大学还陆续接受了来自苏联、朝鲜、越南、蒙古和东欧社会主义国家等国的留学生。[②]虽然随着1956年《关于接受资本主义国家派遣留学生来我国学习的修

[①] 北京大学国际合作部. 燕园流云——世界舞台上的北大外国留学生[M]. 北京：北京大学出版社，2010：3-4.
[②] 北京大学国际合作部. 燕园流云——世界舞台上的北大外国留学生[M]. 北京：北京大学出版社，2010：3-4.

改意见》的批准,"一边倒"的来华留学教育也开始在此后逐步向亚非民族独立国家"少量、重点"地开放,但社会主义国家的公派留学生仍是此阶段留学生国情教育的主要对象。

2.国情教育目标

教育部在1955年《关于各国来华留学生管理工作的注意事项》中提出的"政治上积极影响"决定了这一时期来华留学生工作的育人导向,也使得留学生国情教育具有较强的意识形态性。如中央对于当时越南留学生的培养目标是使其"毕业后成为又红又专的为越南人民全心全意服务的工人阶级和知识分子"。即便对于社会制度迥异的非洲民主独立国家的留学生,当时也被付诸"一半回去闹革命""革命和建设的种子"等任务和使命。时任北京大学中文系副教授、汉语教研室主任郭良夫回忆说:"每个人都是带着自己祖国人民的希望来的,离开这里的时候,又将带着中国人民的希望回国。人民的希望,他们是深切理解的:为加强各国人民的友谊,巩固世界和平民主事业,献出所有的力量。"[①]因此,在这一段特殊历史时期,留学生国情教育的主要目标是宣传社会主义主流思想价值和革命经验,为其他社会主义国家及亚非拉民族独立国家培养人才。

3.国情教育形式

1953年4月,北京大学制定了《北京大学外国留学生中国语文专修班暂行规程(草案)》,其中规定专修班的教学目的为:教授外国来华留学生基本上掌握中国语文,以便进入中国高等学校学习或研究,并强调在汉语学习过程中必须使其对新中国获得初步认识,[②]首次提到了教学中"留学生国情教育"的重要性,即

[①] 郭良夫.感人的学习热情——记北京大学外国留学生中国语文专修班[N].人民日报,1953-11-15(03).
[②] 北京大学国际合作部.燕园流云——世界舞台上的北大外国留学生[M].北京:北京大学出版社,2010:3.

"初步认识"新中国。1954年至1955年面向东欧留学生开放的文科专业包括中国语言文学、中国历史、中国革命史三个方向。由此可见,有关培养高校已经开始了基于培养留学生认识中国国情的课程探索和专业设置。

原俄罗斯科学院远东所所长季塔连科回忆道：1958年,他和北大哲学系的同学们一起来到中国农村,在那里同中国农民一起生活,一起劳动。他说,农村广阔的天地是他的另一所大学,在这里,他学到了课堂上学不到的东西,对他的一生产生了很大的影响。季塔连科的这段经历,可以视作"初步认识"新中国这一要求下,留学生国情教育"第二课堂"的初步探索。再如彼时越南留学生和中国学生一起背诵《毛主席语录》,一同参加大炼钢铁运动；东欧留学生需要阅读毛泽东著作,"每周有五小时的时事政治学习"。由此可见,该阶段留学生国情教育第二课堂开展具有浓厚的思想政治教育属性。

另外,接收留学生来华学习,不仅是新中国来华留学教育的发端,也是新中国高校外事工作的起点,因而此时的来华留学生工作没有和一般意义上的外事接待清晰地区分开。"生活上适当照顾"的留学生受到了类似外宾的礼遇,不仅在学习生活过程中有严格的安保措施,假期还被组织前往各地进行游览或疗养性质的度假。而对于少数非社会主义国家的来华留学生,绝大多数培养高校并没有基于历史、文化、民族心理等差异,调整国情教育的内容和方式。

4.阶段特征总结

由于探索起步期的生源特征和育人定位,思想政治教育作为这一阶段留学生国情教育的主要载体,奠定了来华留学教育的社会主义方向。与此同时,由于教育内容相对单一,对于留学生的安全法纪教育、社会实践教育、心理健康教育等缺乏必要的关注,国情教育体系尚未形成。

第二节

调整适应期：1962—1989年

从1962年新中国来华留学工作第一个法规性文件《外国留学生工作试行条例(草案)》的出台,到1989年留学生的招生权正式下放到高校,来华留学生国情教育进入了调整适应期。在此期间,《外国留学生工作试行条例(修订稿)》(1979)、《外国留学生管理办法》(1985)等政策法规相继颁布,但留学生国情教育的顶层设计和基本原则并未发生实质性改变。

1.国情教育对象

随着中苏关系的恶化,受苏联操控的东欧社会主义各国纷纷对中国采取孤立政策,为了在美苏争霸的外界形势中寻求生存空间,来华留学除了招收越南、朝鲜等原有的社会主义国家留学生外,非洲各民主主义国家来华留学生开始越来越多地出现在二十世纪六七十年代的中国高校中。

1965年,美国派兵进入越南,干预越南内政,越南国内动荡不安。越南政府向我国提出要派2000名高中生赴华学习汉语,然后进入有关高等院校学习。我国同意接受、安排3133名越南留学生(大学生2568人、研究生和进修生565人)来华学习。其中2787人分别安排在北京、天津、上海、南京、杭州、武汉、西安、沈阳、长春等9个城市的23所综合性大学和师范学院先学汉语一年;346人分别进入有关高等院校进行专业学习。

1966年至1972年,受"文革"影响,来华留学也进入了短暂的停滞期。此期间全国高等学校已无法正常上课,更不便为留学生单独开课,教育部安排全体在华留学生回国休学,保留学籍一年。

1971年,在广大发展中国家的支持下,中华人民共和国在联合国的合法席位得以恢复,取得了新中国外交的重要胜利;1972年,美国总统尼克松访华,国际上与中国建交的国家迅速增加,有不少国家提出向我国派遣留学生。因此中国开始陆续恢复接受外国留学生。特别是随着我国外交战略从"学习苏联"转向"两个中间地带"和"三个世界"理论,20世纪70年代来华留学的奖学金名额开始向非洲国家倾斜,非洲来华留学生逐渐成为这一阶段来华留学生中的重要群体。

2.国情教育目标

随着留学生来源的日益丰富,该阶段留学生国情教育开始破除意识形态壁垒,调整原先院校自发零散、单一偏激的思政教育策略,加强顶层设计,开始尝试针对不同的学生群体制定不同国情教育目标。[①]1962年,118名在华非洲留学生因为种种"水土不服"的原因而集体退学,直接推动了《外国留学生工作试行条例(草案)》的出台。国家层面自此开始正视和关注来华留学生意识形态、价值观念、生活方式、风俗习惯、宗教信仰差异对于其教学管理服务的影响,并首次将对留学生"政治上积极影响"的表述正式修正为"政治上积极影响,不强加于人",并在1979年进一步完善为:对于马列主义政党国家留学生,要求其"掌握马列主义理论,并与实践相结合";对于民主主义国家留学生,要求其具有"反帝反封建,争取民族独立解放,和为人民服务的思想";对于意识形态对立国家留学生,主张"求同存异"。

3.国情教育形式

在第一课堂,思想政治教育仍然是贯穿该阶段留学生国情课堂教学的主线,而其教育内容和教育形式得到进一步丰富和延伸。一方面,在国情教育形式上,提出要有针对性,通过耐心细致、灵活多样、生动活泼的方式进行思想政治教育工作,政治理论课仅作为修习哲学、政治、经济和科学社会主义基础专业来华留学生的必修课,对于其他专业来华留学生则不作硬性要求。另一方面,中国概况课程和有关中国政治、经济、文化等方面的专题讲座和课程开始陆续在培养院校

[①] 贾兆义,赵宝永.来华留学生中国国情教育路径研究[J].世界教育信息,2022,35(7):36-41.

中出现。如武汉大学为了帮助越南留学生了解我国的政治、历史、文化、经济和风俗习惯,力求发挥他们的积极作用,增进他们对中国的友好之情,专门开设了"中国情况介绍"这门课程,涉及"中国新民主主义革命的胜利""中国人民民主专政"专题。同时组织时事讲座,根据形势发展,组织形势学习(包括越南形势)。

在第二课堂,部分培养院校也开始了和历史结合、和专业结合、和时代结合的留学生深度社会实践的积极尝试。如北京大学的留学生国情教育增加了社会实践的内容,每学年组织两次来华留学生到工厂、农村、商店,与工人、农民同吃、同住、同劳动。[①]历史系的5位留学生还跟同班的中国同学到北京郊区的大兴农场进行半工半读活动。在此期间来华留学生国情教育也融入教学实践中。北京大学当时的留学生中多数是学习文史哲专业的,为了使其通过教学实践活动有所收获,学校先后挑选了花县(洪秀全的家乡)、南海县(康有为的家乡)、中山县(孙中山的故乡)、武汉(辛亥武昌起义和大革命时期国民政府所在地)、长沙、韶山(毛泽东的家乡和他早期从事革命活动的地方)、海丰县(彭湃的家乡和中国现代农民运动的发源地)、南昌("八一"起义的发生地)、南京(太平天国"天京"所在地)和重庆(抗战时期国民政府所在地)等具有丰富的近代史和革命史育人资源的城市作为实践地,同时,还安排学生参观能反映我国当前政治、经济、文化状况的典型场所和地区。比如,反映特区经济的珠海市,反映农村经济的南昌某公社顺外大队等。同时在指导思想上,北大也注意把外出参观作为重要的教学活动来对待,引导学生把书本知识与实际考察结合起来,而不是去进行一般的旅游。出发之前,北大先召开学生全体会议,介绍各教学参观点的遗址、陈列和历史特点,发给每人一份经教师整理的有关地点的历史资料,详细讲解教学目的和教学计划,向学生提出教学参观的要求。在确定了参观地点和时间之后,便是制订严谨的教学参观计划。北大会同来华留学生管理人员,从教学的需要出发,充分利用各个教学参观点的优势,制订了比较详细的教学参观计划,并由教师正式向来华留学生提出学习、研究方面的要求。在参观过程中,有一些来华留学生表现出

---

① 代红伟.亚洲来华留学生思想道德教育研究[D].南昌航空大学,2015.

对某个问题深入研究的兴趣,老师们就因势利导,个别启发、引导。这种生动活泼的授课形式很受来华留学生的欢迎,来华留学生收获很多,在此期间发生了很多有趣的事情。在组织同学们参观葛洲坝水利工程时,一位来自西德的同学满怀激情地学着北京方言说:"这工程真是'盖了帽'了,德国还没有这么大的工程。"另一位西德同学以前读过孙中山、毛泽东、彭湃三位革命家的不少著作,在广东和湖南参观三位革命家的故乡时又看到了很多材料,对他们三人的生平做了比较和评价。她说:"这三位革命家各自走过的道路和取得的成就并不一样,但是在某些方面有共同之处,他们三人都是出身于比较富裕的家庭,都受到了比较好的教育,他们都成了脱离自己出身阶级利益的革命家。为什么能这样?他们从小看到农民的疾苦,对被压迫者产生了同情。他们有文化知识,有分析能力,能接受民主主义和马克思主义,知道农民疾苦是一个社会制度问题。"

此外,来华留学生作为学生而非外宾的属性逐步得以回归,使得来华留学生国情教育的内容体系得以进一步丰富,包含安全法治教育、校纪学风教育的入学教育写入《外国留学生工作试行条例(草案)》的通行要求。

4.阶段特征总结

调整适应期来华留学工作政府主导、政策主治的宏观属性没有根本上的改变,由于生源更加丰富多样,分类施策的思想政治教育仍是这一时期来华留学生国情教育的主线。经过不断完善,来华留学生国情教育的形式更加灵活,内容进一步丰富,涵盖安全法治教育、校纪学风教育、中国概况通识教育等方面的来华留学生国情教育体系得以初步构建。[①]与此同时,有关来华留学生国情教育的要求尚不够规范,如每名来华留学生应当了解的中国概况并没有像必修课程那么明确。

---

① 代红伟.亚洲来华留学生思想道德教育研究[D].南昌航空大学,2015.

第三节
规范认同期：1989—2012年

1989年《关于招收自费外国来华留学生的有关规定》出台，留学生的招生权正式从国家下放到高校，来华留学走上了发展快车道。在来华留学人数日益增长的背景下，教育部发布《留学中国计划》，政府和高校以更加开放积极的姿态开始了"留学中国"品牌的打造。在国情教育上开始强调中外学生的趋同化管理，规范留学生的法治教育，在课堂内外注重培养留学生对中国文化的了解和认同。在1989年到2013年间，面对政体迥异、国别多元、体量庞大的留学生，留学生国情教育进入了规范认同的历史阶段。

1.国情教育对象

改革开放以来，我国外交战略发生了由"对抗"到"融入"的根本性转变，不再以意识形态划分阵线、决定亲疏，而以国家安全、国家利益为最高宗旨，来自美国、欧洲、日本的留学生大量增加。

从中美关系看，一方面中美关系由于台湾问题、经贸摩擦起伏不定，另一方面，经过13年的艰苦谈判，中国于2001年正式加入世界贸易组织，为两国对话和关系发展提供了更为有力的保障。

从中俄关系看，1996年，中俄发表联合声明，共同建立面向21世纪的战略协作伙伴关系。2004年10月，签订《中华人民共和国和俄罗斯联邦关于中俄国界东段的补充协定》，标志中俄边界问题的解决。

从中日关系看，1998年11月，江泽民主席应邀访日，双方发表了《中日关于建立致力于和平与发展的友好合作伙伴关系的联合宣言》。2006年10月，安倍晋三访华，成为中日关系的"破冰之旅"。2007年4月，温家宝总理正式访问日本，成为中日关系的"融冰之旅"。

从中韩关系看,受1992年邓小平同志南方谈话的发表以及后来的中韩建交的影响,大批韩国学生开始来华学习。

从与东盟关系看,20世纪90年代我国与东盟国家关系不断改善。1994年,中国开始与东盟高级官员会晤。1997年,与东盟国家的对话从部长级提高到国家领导人层次。同年12月在马来西亚举行第一次东盟-中国领导人非正式会议,江泽民主席发表了《建立面向21世纪的睦邻互信伙伴关系》的讲话。2003年10月,中国正式加入《东南亚友好合作条约》,双方政治互信进一步加强。

从中印关系看,1996年,江泽民主席应邀访问印度,双方共同确定建立"面向21世纪的建设性合作伙伴关系"。2003年6月,印度总理访华,双方签署了《中华人民共和国和印度共和国关系原则和全面合作宣言》。

从中非关系看,1996年,江泽民主席访问非洲,提出"平等相待、真诚友好、团结合作、共同发展"的主张。2006年11月,中非合作论坛北京峰会暨第三届部长级会议在北京举行,35位非洲国家元首、6位政府首脑、1位副总统、6位高级代表和非盟委员会主席科纳雷出席会议。2009年,中国成为非洲第一大贸易伙伴国。

2001年世界贸易组织接受中国为世界贸易组织第143个成员国。加入世贸组织确立了中国贸易大国的经济地位。2007年,中国的国内生产总值位居世界第四位。到2010年,中国超过日本成为世界第二大经济体。总而言之,这一时期的中国经历了从逐步走向世界舞台到逐渐走向世界舞台中央的历史性大跨越。

在国际关系不断向前发展的良好态势下,我国高等教育也在进一步发展变化。高等教育规模进一步扩大,1996年,全国有普通高校1032所;2002年,中国高等教育毛入学率达到15%,高等学校学生达到1885万人,成为世界上高校学生最多的国家。[①]

在此基础上,来华留学迎来了发展浪潮,1989年,随着《关于招收自费外国来华留学生的有关规定》出台,留学生招生权最终得以下放,高校自此真正成为

---

① 北京大学国际合作部. 燕园流云——世界舞台上的北大外国留学生[M].北京:北京大学出版社,2010:225.

外国留学生的招生主体,相对集中、封闭的来华留学政策随之全面开放,来华留学迎来了规模上的暴涨(见表2-1)。

表2-1 1979—1999年全国外国留学生统计表[①]

年度(年)	奖学金生数(人)	自费生数(人)	学年合计(人)
1979	1278	315	1593
1980	1389	708	2097
1981	1631	1809	3440
1982	1750	2776	4526
1983	2066	3395	5461
1984	2593	3551	6144
1985	3251	4476	7727
1986	4091	4663	8754
1987	4593	1053	5646
1988	4596	1239	5835
1989	3871	2508	6379
1990	3684	3810	7494
1991	3630	8342	11972
1992	3389	10635	14024
1993	3023	13818	16841
1994	2969	22617	25586
1995	3001	32758	35759
1996	4307	36904	41211
1997	4677	39035	43712
1998	5088	37996	43084
1999	5211	39500	44711

2.国情教育目标

《武汉大学外国留学生教育发展史》一书中提到:党和国家要求把留学生培养成对我友好、了解我国、学有所成的人才,这是发展来华留学生教育的主要目的之一。做好留学生工作,就是做好青年人的工作,在今后二三十年终会见到成

---

① 李斐.武汉大学外国留学生教育发展史[M].武汉大学出版社,2017:32-38.

效。我们必须有大局观念,自觉地把来华留学生工作同我国的外交工作和改革开放事业紧密结合起来,致力于培养一支了解和支持中国的友好力量,使他们成为传播中华文化、加强国际交流与合作的友好使者。

3.国情教育形式

在第一课堂,"中国概况"课程正式成为学历留学生来华学习的必修课。2000年教育部、外交部、公安部联合发布的《高等学校接受外国留学生管理规定》(9号令)中明确规定"汉语和中国概况应作为接受学历教育的外国留学生的必修课"。以武汉大学为例,20世纪90年代武汉大学招收的留学生以短期居多,学校根据留学生的汉语水平分设初级汉语、中级汉语和高级汉语共5个班,开设课程有汉语精读、阅读、写作、口语、听力、中国传统文化等,可接收汉语为零起点到较高水平的外国留学生。与此同时,学校还根据时代变化,对教学内容和方法进行了适当的改革。针对留学生大多数是学习汉语的进修生的情况,武汉大学在课程的设置上改变了过去学汉语只开设语言或语言文学方面的课程的传统,转而根据当前社会发展的时机和学生求学就业实际,合理设置课程。如从1989年起,在汉语学习阶段就增设了"社科汉语""科技汉语""微机汉字处理""中国概况""翻译课"等课程。这些课程的开设改善了学生的知识结构,拓宽了他们的知识面,受到学生欢迎。

在第二课堂,9号令明确要求高等学校组织外国留学生开展教学实习和社会实践,明确了在国家法律法规、校园规章制度上对留学生进行教育管理的有关要求。武汉大学以实际行动践行着这一培养理念。武汉大学在这一时期"利用语言实践,做好宣传教育工作",有针对性地带留学生参观访问我国著名的人文景观和自然景观,参观改革开放以来取得巨大成就的地区,使他们亲身领略中华民族优秀的历史和文化传统,直观地感受我国社会主义建设的伟大成就,加深对我国社会和文化的认识,加深对中国人民的感情。留学生们从峨眉山、桂林山水看到了中国的山明水秀,从新兴企业中看到了改革开放的丰功伟绩。此外,武汉大学还本着实事求是的精神,让他们去看看比较落后的地区,让他们全面地了解中国,同时也使他们感受到学校对他们的真挚之情,更加信任学校,加深了他们对中国的友好感情。

4.阶段特征小结

综上所述,在此阶段留学生的招生自主权真正得以下放到高校,学校自主招收留学生的比例不断增大,生源进一步丰富。"政治上积极影响"等有关留学生思政教育的要求从该时期各个政策文本中完全消失,中外学生的育人培养目标和管理服务开始呈现出极大的差异性。与此同时,留学生国情教育的各项要求进一步规范,"留学生国情教育"的概念被正式提出,留学生社会实践、法治教育、心理健康教育等话题受到进一步关注,进一步丰富和规范了留学生国情教育体系,"中国概况课"在这一时期正式成为全体留学生的必修课。教育部、地方教育主管部门、高校在留学生国情教育中的权责进一步明晰,关于留学生社团活动、社会实践的要求也进一步明确。在规范认同期,来华留学生国情教育的育人目标由"政治影响"转变为"文化认同",以形成对中国国情、政治制度、文化习俗等理解和认同。与此同时,留学生国情教育体系进一步完善,要求得以进一步规范。

第四节

引领践行期:2012年至今

2012年起,随着党的十八大的胜利召开,以习近平同志为核心的新一代领导集体带领中国以高度自信走进世界舞台中央,坚定不移扩大对外开放,提出"一带一路"倡议,推动构建人类命运共同体。蒸蒸日上的中国也为来华留学教育工作带来新气象、新格局、新理念、新范式。来华留学生总数、生源国家和地区数、我国接收留学生单位数及中国政府奖学金生数等四项均创新高。其中,来华留学生总数增加35719人,同比增长12.21%;中国政府奖学金生数增加3081人,同比增长11.99%。[①]随着来华留学事业的快速发展,国家对留学生培养质量、管理水平、价值认同提出了更高的要求。留学生国情教育进入了以引领践行为特征的崭新阶段。

1.国情教育顶层设计

习近平总书记2016年在全国高校思想政治工作会议的讲话中强调培养什么样的人,如何培养人以及为谁培养人的问题。越来越多的来华留学生教育工作者开始意识到:作为党领导下的中国特色社会主义教育事业的一部分,来华留学教育同样需要回答"培养什么样的人、如何培养人以及为谁培养人"这一根本问题。2017年《学校招收和培养国际学生管理办法》、2018年《来华留学生高等教育质量规范(试行)》的先后出台,为留学生教育提供了顶层设计的制度文件。[②]随着由中国教育国际交流协会组织的全国国际学生国情教育研讨会顺利召开,习近平总书记先后给北京科技大学、北京大学、中国石油大学、南京审计大学的留学生回信,越来越多的来华留学生教育工作者开始意识到:来华留学生在国情教育中,需要了解中华优秀传统文化、中国政治制度和外交政策,需要理解中国社会主流价值观和公共道德观念,更需要了解中国最大的国情中国共产党,因为读懂今天的中国,必须读懂中国共产党。教育部2022年工作要点更是明确指出:打造更具国际竞争力的留学教育,推进来华留学生国情教育教材和课程建设。

---

① 武汉大学档案馆,X4-2000-WS11-2号档案.
② 课题组.提升我国教育世界影响力——习近平总书记关于教育的重要论述学习研究之十二[J].教育研究,2022,43(12):4-14.

2.国情教育形式

从第一课堂看,一些学校开设的中国概况课程问题日益凸显,比如,重文化现象描述,轻价值观阐述;重对传统中国文化的介绍,轻对当代中国发展的解读。且部分教材可读性差,教师教学方法单一,对学生层次不做区分。针对这些问题,来华留学生国情教育根据第一课堂的课程特点、教学特点及来华留学人员群体特点,建立更加完善的国情教育课程体系。该课程体系包括中国基本国情介绍、中国文化教育、传统民俗教育、社会生活教育、中国发展概况介绍等五个方面。对于留学生来说,了解我国基本国情可以减少文化差异带来的影响,是适应中国学习生活的需要,也是顺利完成学业的需要。不少学校开设介绍中国基本国情的课程,将其纳入到来华留学生课程培养体系中。[①]基本国情课程内容创新了来华留学生国情教育的话语体系,逐渐形成跨文化的传播话语体系,其中既包括中国立场和国际表达的内容,也包括中国故事和国际叙述的内容。这种用来华留学生听得懂、愿意接受的方式进行的教育,有助于增强来华留学生国情教育的亲和力和感染力。可以定期开展科普讲座,介绍中国传统文化、风俗习惯、生活常识等。中国传统文化的讲仁爱、重民本、守诚信、崇正义、尚和合、求大同以及当今的社会主义核心价值观与世界多数国家倡导的价值观有诸多共通之处,以此为切入点,讲深讲透中国文化语境下这些文化价值观的含义更提高了国情课程的亲和力和感染力。

从第二课堂看,这一时期国情教育的实践性和系统性得到进一步拓展。2013年国家留学基金委发起的"感知中国——中国政府奖学金生文化体验和社会实践活动"全面开展,国情教育也逐步走出以"中国概况"为阵地的课堂场域,逐步摆脱前期留学生文化考察仅仅停留在游览中国自然景观的状况。2022年中国教育国际交流协会牵头组织面向中外大学生的"知行中国——全球青年领袖计划",共青团中央策划组织的"中外大学生社会实践活动周"活动,国情教育中的朋辈影响和中外协同育人受到进一步重视。国家对于优秀留学生在华就业

---

① 代红伟.亚洲来华留学生思想道德教育研究[D].南昌航空大学,2015.

创业的条件进一步放开,各类留学生创新创业比赛如火如荼开展;2021年教育部办公厅等四部门印发《高等学校国际学生勤工助学管理办法》,为留学生勤工助学工作提供了制度保障;对于留学生日益突出的心理健康问题也给予了更多关注,各高校开始将留学生心理健康教育工作纳入全校学生心理健康工作体系。开展来华留学生实习实践、就业创业、心理健康等方面的工作,有助于推进知识传授向体验感悟转变,有利于完善国情教育体系和增强育人实效。

为了帮助来华留学生更好地了解中国国情,各级教育行政部门和各高校积极探索开展来华留学生国情教育的丰富载体,打造自身的特色品牌。在国家层面,教育部指导国家留学基金委、中国教育国际交流协会、教育部留学服务中心等单位,以打造品牌活动为依托,以增强来华留学生对中国社会的融入感为目的,开展了"留动中国——在华留学生阳光运动文化之旅"、中国政府奖学金生的"感知中国"文化体验活动和"我与中国的美丽邂逅"征文比赛等活动。这类活动极大增进了来华留学生对中国的认知,加深了他们对中国的理解,且影响面大,活动效果好,已经产生了品牌效应。在地方层面,各地方政府和社会组织在来华留学生国情教育实践中也做出积极探索与创新。比如,北京市邀请来华留学生参加国庆70周年群众游行"人类命运共同体"方阵,生动有力地诠释了人类命运共同体的理念。上海市教委开展来华留学生英语授课示范课程建设工作,培育和建设了"中国智慧""中国道路"等一批英文授课来华留学生国情教育课程。浙江省教育厅举办"浙江省高校'新时代中国道路'校园巡回宣讲活动",向来华留学生全面解读中国的发展历程和发展模式。在高校层面,各高校落实相关政策和规定要求,开展来华留学生教育模式的探索与实践。除了必设的"中国概况"课程外,各高校还面向来华留学生开办各类"知华讲座"或"知华讲堂",组织各种社会实践与文化体验活动,建设各类来华留学生文化体验基地;有的高校利用假期开办各种结合社会实践的假期课程,为来华留学生提供了解中国国情的"学"加"行"高端短期教育平台。比如,北京大学和中国人民对外友好协会组织的20名北大来华留学生走进新疆研学活动,20名留学生来自16个国家,他们深入新疆乌鲁木齐、喀什、和田、石河子地区的农村、工厂、巴扎等场所、地方,亲身体验新疆社会稳定、经济发展、民族团结、人民安居乐业的情况。西北农林科技大学开展"感知中国-乡村振兴"社会实践与文化体验活动。西南大学成立中外师生参与的留学生中国国情宣讲团,通过校企合作建立"来华留学生教育实践基地",开展"缙云知华"大讲坛等系列品牌活动。北京科技大学着力构建并完善文化育人体系,组织开展"理解中国"系列文化和学术实践活动。这些活动特色鲜明,对引导留学生全面客观地了解中国国情、关注中国发展起到了很好的作用。[①]自2016年起,北京航空航天大学除了面向来华留学生开设"中国国情"课程外,还面向本科一年级来华留学生加开了一门通识课。课程起初名为"文化实践课",后改为"当代中国发展与社会实践"。当时设立这门课程的初衷,是弥补"中国国情"课程缺乏实践环节以及课程内容中反映当代中国发展状况的不足,加强学生对所在学校、所在城市和当今中国快速发展现状的了解。从学校、生活的城市到整个国家的发展变化,向来华留学生展现一个真实、立体、全面的中国。北京航空航天大学的校训为"德才兼备、知行合一","当代中国发展与社会实践"这门课从一开始在教育模式上就充分体现了这一点。整个课程包含课堂教学和实践教学两部分。"知"指的是课堂讲授理论知识,塑造学生的主观认知;"行"指的是实践教学部分。"行"配合"知",加强对课堂所学知识的认知,加深对中国国情的了解。以知促行,以行求知,做到"知行合一"。

综上所述,以来华留学生国情教育的实践变迁为主线,以重大外交战略和教育方针为界标,来华留学生的中国国情教育大致经历了探索起步期(1950—1962年)、调整适应期(1962—1989年)、规范认同期(1989—2012年)、引领践行期(2012年至今)四个历史阶段。这形成来华留学生国情教育的基本经验和方法,为推动新时代来华留学生国情教育创新发展提供基础。

---

① 伊小素.来华留学生中国国情教育模式的新探索[J].神州学人,2022(10):36-39

第三章

来华留学生国情教育的体系构建

第一节
来华留学生国情教育的育人主体

"全员育人"是"三全育人"理念的前提和生命线,而要实现留学生国情教育全员化的育人目标,不仅要拓宽育人主体,打造以个体和组织为载体、家庭学校社会共同参与的育人共同体,还要明晰各方职责,提升赋能各主体的育人功能,更要积极推动各育人主体间的优势互补和一体协同。

1. 育人个体

1.1 教师

高校教师作为落实立德树人根本任务的主体和关键,在留学生国情教育中发挥着至关重要的作用。一方面,教师身处与学生近距离接触的教学一线,其言谈举止对于留学生关于中国的认知有着直接影响;另一方面,教师是中国国情的直接讲述者和教授者,是讲好中国故事、传播中国声音的主力军。中国概况课和汉语类课程作为来华留学高等学历教育的必修课,是留学生国情教育的主阵地,意味着中国概况课和汉语课教师是留学生国情教育不可或缺的重要力量。而专业教师在关注自身专业发展和专业教学的同时,也需要牢固树立"课程育人"和"科研育人"意识,积极履行国情教育职责,与中国概况课和汉语课教师协同配合,共同参与构建留学生国情教育的育人共同体。

"中国概况"课程是教育部规定的来华留学生的必修课,"中国概况"授课教师是留学生国情教育的直接施教者和课程思政的起点与关键。习近平总书记指出:"多用外国民众听得到、听得懂、听得进的途径和方式,讲述好中国故事,传播好中国声音,让世界对中国多一份理解、多一份支持。"作为面向留学生讲中国国情、中国文化的主体,"中国概况"课授课教师一方面需要掌握丰富的专业知识,全方位把握中国传统文化、国家政治体制、社会主义核心价值观、当代经济发展与科技成就、区域地方特色等育人素材;另一方面还需要具有突出的跨文化交际能力,在深谙不同国别、民族、文化差异的基础上,以不卑不亢的姿态面向留学生,塑造中国的文明大国形象、东方大国形象、负责任大国形象和社会主义大国形象。

留学生来华学习首先要克服的是语言障碍,汉语教师作为频繁接触留学生的育人主体,也是开展留学生国情教育的重要力量。在工作实践中,不少汉语教师也兼任"中国概况"课程教师、留学生班主任、社团指导老师等角色,在教育教学中,需要其将知识传授、价值塑造和能力培养融为一体,从中提取、转化、丰富并输出这些素材所蕴含的思政元素。[①]在组织学生听说读写语言活动中,充分发挥汉语教师的亲和力,挖掘每一堂汉语课中蕴含的优秀育人元素,不断加深其对当前中国方针政策的理解,提高语言学习效能;引导学生从语言学视角分析中国理论,理解中国方案,通过多种教学形式,提高学生语言使用、跨文化交际等多元能力;在弘扬传统文化的基础上注重展示当代中国成就,向留学生讲述历史之中国、传统之中国以及今日之中国,履行好"理解中国,沟通世界"的光荣使命,达成引领留学生形成正确思想价值的育人目标。

随着"留学中国"品牌影响的扩大,留学生来华学习的专业结构也日趋丰富,越来越多的留学生在各个学科门类和专业领域进行求学。相较于"中国概况"课程教师和汉语教师,专业课教师在与留学生接触的时间长度和交流深度上具有不可替代的优势,是实现课程育人和科研育人的关键环节。一方面,全面梳理各

---

① 张知惊,温广瑞,王美玲.来华留学生"课程思政"实施现状与展望初探——基于高校教师视角[J].陕西教育(高教),2022(12):10-12.

门专业课程所蕴含的国情教育元素和所承载的国情教育功能,融入课堂教学各环节,实现国情教育与知识体系教育的有机统一;另一方面,学术诚信、学术道德和科研伦理意识与中国主流社会价值观一脉相承,专业课教师在指导留学生开展学术训练和科学研究时,不仅注重培养留学生集体攻关、联合攻坚的团队协作精神,还积极引导留学生树立正确的科研学术观,着力构建全覆盖的科学道德和学风建设宣传教育体系。同时,专业教师也鼓励和支持留学生坚持产学研结合,走出校园,走进社会,依托自身的专业特长与优势,引导留学生更加深入地了解中国国情。

1.2 管理服务人员

1.2.1 来华留学生辅导员

2014年发布的《高等学校辅导员职业能力标准(暂行)》指出,辅导员具有教师和干部的双重身份,是开展大学生思想政治教育的骨干力量,是高校学生日常思想政治教育和管理工作的组织者、实施者和指导者。因此辅导员身兼双重身份,集教育者、管理者和服务者三大角色于一身,是一个特殊的育人主体。42号令首次明确提出高校要按照中国学生辅导员的有关要求配备留学生辅导员。

从岗位职责和能力要求上看,42号令规定,高等学校应当设置国际学生辅导员岗位,了解国际学生的学习、生活需求,及时做好信息、咨询、文体活动等方面服务工作。《规范》进一步明确了高校应当制定辅导员岗位标准,确保国际学生辅导员达到综合素质、外语水平、跨文化能力等方面要求,能够针对来华留学生特点提供有效的指导和服务,促进来华留学生的全面发展。对照《高等学校辅导员职业能力标准(暂行)》中关于辅导员的相关表述,可以发现留学生辅导员与中国学生辅导员的岗位职责既有重合又有不同。在工作时空维度上,辅导员的职责涉及学生在校期间的方方面面,包括课上课下、校内校外、线上线下等,无论是从范围上还是时间上,可以说都是在"育人"上投入精力最多的专职岗位之一,而留学生国情教育贯穿于来华留学生教育管理的全过程各方面,与辅导员的岗位特征相契合,这就决定了辅导员在留学生国情教育中担任着"独一无二"的重要角色。在工作内容维度上,留学生辅导员不仅要和中国学生辅导员一样承担着学生日常事务管理、心理健康教育、危机事件应对、职责规划和就业创业指导、理论和实践研究等工作职责,还要结合教育管理对象的特殊性开展签证办理、机票购买、出入境法规教育等涉外工作,在外语交流和跨文化沟通方面有更高的能力要求。同时,习近平总书记对留学生的回信赋予留学生国情教育新的时代内涵,指引着留学生辅导员的工作重心由管理服务向价值引领转变。

从人员配备和政策保障上看,42号令和《规范》等政策文本均明确了国际学生辅导员配备比例不低于中国学生辅导员比例,与中国学生辅导员享有同等待遇。但在留学生辅导员队伍建设水平上,全国高校明显呈现参差不齐的状态。北京大学早在1964年就在中国学生中选定留学生辅导员,开创了国内兼职留学生辅导员的先河。上海交通大学、华中科技大学等高校不仅在留学生归口管理范围设置了专职留学生辅导员,还在各二级培养单位配置了留学生辅导员并纳入来华留学队伍统一管理考核评价。与此同时,至今仍有为数不少的高校没有按比例足额配备留学生辅导员,甚至暂未设置相应工作岗位,仍由行政管理人员或教学人员代行职责。在留学生辅导员的专业技术职务晋升方面,绝大多数学校尚未结合其岗位特殊性制定相应的政策文件,致使不少留学生辅导员难有清晰的工作角色定位和职业发展规划。

从专业化建设和行业区域整合看,近年学界对于留学生辅导员这一群体给予越来越多的关注。在知网检索以"留学生辅导员"为关键词的论文,2014、2015、2016、2017、2018、2019、2020年分别有5、7、3、3、7、7、17篇文献。由此可见,2015年教育部公布《普通高等学校辅导员队伍建设规定》的修订情况,引发了学者对留学生辅导员队伍建设的更多思考,2017年发布的42号令和2018年出台的《规范》,再一次掀起该领域的研究热潮。从行业整合看,留学生辅导员也在逐渐脱离零散、分化、边缘的状态,通过一系列会议和组织整合形成了若干学术研究共同体和创新实践团队。2020年和2022年,第一、二届高校国际学生辅导员工作研讨会在吉林大学召开,大会对国际学生辅导员的一系列问题进行研讨,标志着新时代高校国际学生辅导员专业化建设的一大进步。与此同时,各学校和地区辅导员交流日益频繁,师范大学、交通运输类大学、医科大学等高校相继依托行业联盟开展留学生辅导员工作探讨;东南沿海地区、华中地区、西南地区已有依托当地来华留学行业组织的留学生辅导员工作室/站/坊出现。

1.2.2 管理服务人员

高校留学生管理服务人员包括从事招生、教务、后勤服务等工作的人员,涉及教务管理、招生管理、学业支持、奖惩助补、住宿管理、财务管理、签证办理、应急医疗、安全保卫等诸多细分领域。此类人员在开展管理服务的过程中,应当牢固树立"全员育人"的意识,充分挖掘个人工作职责中潜在的育人功能,将管理育人、服务育人落在具体的细微处,显隐并举地开展国情教育工作。

1.2.2.1 招生管理人员

高校中负责留学生招生工作的管理人员是最先与留学生产生互动和交集的群体,是学生获得跨文化体验的"起点"。而国情教育是一项渗透于招生宣传、在校管理、校友联络的全过程、全周期的系统性工作,在招生宣传这一环节适当融入国情教育却往往容易被忽略,但也恰恰在这一阶段最能发挥"首因效应"的独特优势,改变留学生的一些刻板印象,影响其最终的留学、择校决定。因此,在招生宣传的工作中讲好中国故事,营造一个更友善、更和谐的"引进"环境,能有效提升留学生的文化认同感,强化其来华留学的意愿与动力,是做好来华留学工作一个重要前提,具体可以尝试以下几条途径。

第一,提高站位,打造一支专业的留学生管理队伍。从事留学生招生工作的管理人员除了具备专业的职业素养,包括外语水平、外事敏感度、较强的跨文化意识和沟通能力、项目规划与市场拓展能力,等等,亲和友好、耐心细致的服务态度,了解各国教育制度与体系等软实力也都是招生人员的"看家本领"。更重要的是,招生宣传工作的点滴细节其实都释放着国情教育的因子,华东师范大学留学生工作一直倡导"寓管理于服务,践外交于日常"的工作理念。每位留学生管理干部都应当提高站位,增强使命感和责任感。要知己知彼,尊重对方的宗教、文化,抱着互学互鉴和文化包容的思维方式,用世界听得懂的语言来讲中国故事和中国人的故事。每一位负责招生工作的老师都是一个"窗口",是来华留学工作的"排头兵",在面对留学生时的一言一行都能够潜移默化地传递中国形象和中国人的精神。

第二,拓展宣传媒介,扩大传播覆盖面。随着教育国际化的不断深入,高校在新时代背景下可以借助新兴的融媒体运营拓宽宣传渠道,加快信息传播速度,加大传播辐射面,以吸引更多的海外学生关注中国,从而展现中国高校的形象。在华东师范大学开展的一项调查问卷中,有86%的留学生赞同"增加学校曝光度有利于学校宣传",学校的留学生宣传工作实现了网站、微信、B站、海外平台的常态化且及时同步的运维机制,拓展了传递中国声音的"声道",扩大了传播覆盖面。

第三,培养学生宣传队伍,丰富宣传视角。留学生不仅是国情教育的实施客体,同时也是重要的实施主体,由留学生亲身讲述的留学故事显得更加真实,也更具有感染力和影响力。华东师范大学的调查问卷中有44%的学生在选择大学时更愿意相信朋友、家人的介绍,在校学生或校友的切入角度和讲述口吻更契合学生申请者的期待。华东师范大学建立了"学生宣传大使"队伍,鼓励留学生利用自己的社交平台通过不同的视角分享留学生活体验以及对中国社会与文化的理解感悟,在提升宣传说服力的同时也有效实施了国情教育,一举两得。当然,在尊重学生自主性的同时,学校管理部门仍需在过程中加强对学生的引导,把关相关内容,避免造成负面效果和不良舆情。

第四,开展沉浸式互动,构建4D化招生模式。招生宣传过程中的国情教育应更注重与留学生之间的互动,才能有效克服时空隔阂,营造一个面对面、身临其境的真实感。华东师范大学推出专题宣讲会以及招生答疑一对一等特色举措,让学生提前和负责老师见面,提升招生咨询工作的效率,提高留学生对学校服务的满意度;推出线上线下校园日,通过打卡解锁等互动新模式吸引新生参与;制作pre-departure的系列材料,在学生入学前通过邮件、微信等方式推送,让学生提前了解在中国的衣食住行、规章制度等重要事项;制作分享校园生活的系列短视频,使学生对中国的大学生活有更全方位和立体化的认识。总而言之,需要以多元化的媒体形态展现"留学中国",通过图文平面、多媒体、实时互动等方式多管齐下,保持与新生之间的黏性,增强宣传的叠加效应。

第五,推动提质增效,提升来华留学内涵。要提升国情教育工作的成效,首先需要从根本上完善来华留学教育的内涵,确保留学生的育人质量。比如,严把招生入学门槛,提高生源质量。华东师范大学在2020年前每年在海外举办"留学丽娃"演讲比赛,通过这一特殊途径选拔知华、友华的优质生源。其次,高校需要从留学生的实际留学需求出发,在项目开发和培养方案中融入当代中国的发展热点与成就,打造特色类的"汉语+X"学历与非学历项目,培养更多未来能从事国际中文传播或促进中外文化交流工作的国际人才和校友,服务国家外交战略。

需要注意的是,国情教育在招生宣传工作中适合以润物细无声的方式浸润,而不是刻板的输出和强加,否则只会带来本末倒置、适得其反的后果。"问渠那得清如许,为有源头活水来",在招生宣传的举措中自然且合理地融入国情教育的一些元素和内容,能够帮助留学生在入学前就成为一个"知情者",而不是一张"白纸",从而在源头上奠定留学生国情教育开展的基础。

1.2.2.2 教务管理人员

教务管理人员是教学任务的组织者、教学过程的服务者、教学环节的协调者(孟晓,2010)。此外,教务管理人员还应是教学质量的监督者与服务育人的示范者。结合教学管理人员在工作中的具体任务,从管理育人、服务育人的视角看,教务管理人员的角色可转化为直接参与者、隐性引导者、辅助协同者。

作为教学任务的组织者,在学期开始前教务管理人员承担着留学生教学计划的制定、师资的配备,以及组织学生选课等工作。作为教学过程的服务者,教务管理人员在学期过程中应始终服务于教与学。主要职责包括:改革培养方案、处理学籍异动、统筹考务工作、进行实习安排等。作为国情教育的直接参与者,教务管理人员可直接参与国情教育教学计划的制定,为留学生培养单位配备国情教育师资,指导留学生国情教育课程选课,在改革培养方案中制定国情教育的相关条例等。同时,教务管理人员也是国情教育的隐性引导者。比如,当留学生参加考试时可引导学生了解中国人对诚信的重视;当学生进行专业实践时,可引导学生了解实习单位的文化。

无论是作为国情教育的直接参与者还是隐性引导者,都要求教务管理人员具备国情教育理论的学习能力和实践能力。在充分理解国情教育理论的基础上,将其运用于教学组织环节和教学服务环节。教务管理人员是教学环节的协调者。"三全育人"强调全员育人,因此教务管理人员的职责之一便是与他人或其他群体协作。首先,应在留学生教务管理人员中保证充分沟通;其次,应与专业课教师保持密切合作;最后,更需要与招生办公室、学生工作办公室等相关职能部门协作。作为国情教育的协同者,他们协同其他群体开展国情教育。

在开展国情教育的过程中,教务管理人员应具备综合协调的能力,能够与其他育人个体保持沟通和联系,融通国情教育教学各环节,确保顺利实现国情教育目标。作为教学质量的监督者,教务管理人员主要监督教师出勤,组织教师教学质量评估、分析等。当涉及国情教育课程质量评估与分析时,教务管理人员更多的是一个协助者的角色,协助专业课程教师对国情教育教学质量进行评估、分析,帮助其进行反思、总结。这就需要教务管理人员具有强烈的国情教育意识,能够协助专业教师发现国情教育中的不足和总结有效经验,从而提高来华留学生国情教育培养质量。

1.2.2.3 后勤服务人员

后勤服务人员包括从事宿舍管理、安全保卫、餐饮服务、医疗保障等工作的人员。他们的工作与留学生在华生活的衣食住行息息相关,直接影响着留学生能否快速适应中国学习生活,克服文化冲击带来的影响。他们的言行举止、管理水平、服务态度、文化素养不仅代表着个人形象,更向留学生传递着中国形象。因此,后勤服务人员作为留学生管理服务的直接参与者,是开展国情教育的一支不可忽视的力量,在服务育人方面应该发挥积极作用。

1.2.2.3.1 宿舍管理人员

宿舍管理人员简称"宿管"或"宿管员",包括前台服务员、保安、保洁员等。各高校对留学生宿舍的管理方式不同,有的宿舍管理人员由学校后勤部门统一管理,有的由留学生归口管理部门管理。宿舍管理人员工作职责包括:根据留学生管理部门确定的入住名单,做好住宿学生入住登记并报公安部门备案;收取电费、水费;维修登记、钥匙管理;宿舍公共区域保洁卫生;公寓楼的安全保卫工作,定期巡逻,查找、消灭安全隐患,组织消防安全演练;按照宿舍管理制度对留学生进行住宿管理,晚归人员登记,投诉处理等;退宿前家具设备清点工作,并上报学校有关部门。

从素质要求看,宿舍管理人员应具备良好的个人修养、管理水平、服务态度和文化素养,体现中国传统美德和遵纪守法的意识,营造具有中国文化元素的留学生宿舍居住氛围。从个人修养看,宿舍管理人员应态度亲和有礼貌,有良好的工作作风和生活习惯。工作时统一着装,佩戴工号牌,工服干净、整齐。保持个人仪容仪表,站、立、行姿势要端正、得体。

从语言表达要求看,宿舍管理人员应具备一定的沟通协调和语言表达能力。在语言不通的情况下,可借助翻译软件和留学生沟通交流,帮助留学生了解宿舍管理规定,快速适应校园生活;在学生来校时用对方国家语言欢迎,离校时用对方国家语言送别,给留学生留下良好印象。保安人员可与留学生经常交流,比较各国与中国文化差异,帮助其理解中国人的思维方式和当地人的生活习惯。

从管理水平看,宿舍管理人员应熟悉学校关于宿舍管理的各种规定,坚持原则性与灵活性的统一。提供多语种入住手册,帮助学生了解宿舍入住须知和管理规定。面对留学生提出的不合理要求,能明确表明立场,在规定许可的范围内寻找合理可行的替代方案。对违反宿舍管理规定的行为,能够及时制止,耐心说服教育,让留学生理解、遵守中国法律及宿舍管理规定。

从服务态度看,应热心助人,面对学生的求助,能设身处地为学生考虑,积极协助解决问题。比如,为中文交流有困难的留学生查询快递寄送情况,帮忙订购饮用水,联系出租车等力所能及的事情。

从文化素养看,知晓入住学生来源国及文化背景,尊重留学生本国文化传统。比如,在安排房间时尊重留学生的文化背景和生活习惯,允许学生因文化差异提出调整宿舍的请求;在处理学生矛盾时,向学生解释"和为贵""己所不欲勿施于人"等中国传统价值观。打造富有中国特色的公寓环境,营造中华文化氛围。比如,在公寓电梯内张贴校园风光、区域地标及学生设计制作的中国元素绘画作品;在宿舍过道张贴中国传统剪纸、国画、书法、摄影等作品;在中国传统节日期间,组织春节包饺子、挂灯笼、贴春联,端午节包粽子、挂艾叶、包香包,中秋节品尝月饼、制作花灯等活动。

同时,宿舍管理人员还应主动关心留学生生活,关注其心理状态及异常行为,做留学生的知心人、不良情绪的化解人、健康生活的领路人。

1.2.2.3.2 食堂工作人员(包括炊事员及食堂服务人员)

食堂工作人员职责包括:按时上下班,准时开饭;饭菜新鲜可口,防止变质,避免浪费;保持厨房及就餐环境卫生;食品储存分类分架,注意留样;安全使用燃气、厨具等。

从素质要求看,俗话说民以食为天,饮食是中国文化的重要组成部分,也是留学生了解中国的重要窗口。食堂作为校园内使用频率最高的场所之一,是留学生日常用餐的第一选择,也是"三全育人"的重要阵地。食堂工作人员通过自己的辛勤工作,用良好的用餐体验,让留学生了解中国饮食的原材料、烹饪技巧与饮食习俗,进而了解背后的文化内涵,为服务育人贡献自己的力量。

比如,尊重不同国家留学生的饮食习惯,为穆斯林、素食主义者等群体推荐适合的特色餐厅和菜品;食堂环境应满足就餐者心理、生理、情感需求,在环保卫生的前提下融合地域文化;提高菜品质量,让人从"吃饱"到"吃好",按照时令定期更换菜单,注重荤素搭配,营养均衡,提供更多选择,南北风味齐备,中西式点心、饮品兼有;引导留学生遵守用餐礼仪,厉行节约,禁止浪费;为生活困难留学生设置爱心窗口、设立勤工助学岗位,解决他们的燃眉之急;主动探索食堂育人功能,设置厨艺课堂,由大厨亲自示范,留学生动手实操;定期组织留学生帮厨,进行劳动教育,在收获季节免费提供红薯、土豆等学校农学专业培育的新品种,分享丰收的喜悦,体会劳动的成就感。

1.2.2.3.3 医疗保障人员

包括校内医院及所在地区医院医生、护士、医院管理人员等医务工作者。工作职责包括:救死扶伤、解除病人痛苦、维护病人健康、开展健康教育、宣传疾病防治办法等。

从素质要求看,医疗保障人员应具备良好的医术和高尚的医德,一定的语言表达和沟通能力,能向留学生宣讲医疗知识。可以定期邀请校内外医院医生为留学生做入学安全教育,通过角色扮演、模拟示教等方式进行引导,教授留学生急救、自救等基本技能;通过采访的方式让留学生了解当地医院急诊科医生的工作状态,了解中国的医疗体系,比如,邀请当地医院抗疫医护人员分享他们在疫情期间奔赴抗疫前线、不顾安危、不辞辛苦挽救生命的故事。

1.2.2.3.4 其他服务保障人员

服务育人的主体,不仅限于宿舍管理、餐饮服务、医疗保障等人员,还包括校内保安、片区警察、居委会工作人员、快递员、消防员、环卫工人等其他服务保障人员。以西南大学留学生国情教育实践为例,2022年夏天,该校所在地重庆北碚发生山火,学校充分挖掘在扑灭山火中消防队员英勇无畏、重庆人民精诚团结、市民和消防队员休戚与共的育人价值,组织留学生前往北碚区消防救援支队和城东、城南中队慰问身边的灭火英雄,并于次年春天专程到缙云山参与植树活动。通过亲身实践,留学生们感受到了当代中国人对保卫家园和保护环境的坚定信念,加深了对"绿水青山就是金山银山"的生态环保理念的认识,学校收获了开展留学生国情教育的育人实效。

1.3 朋辈及家长

1.3.1 朋辈

在西方国家,朋辈教育被广泛运用于行为规范和心理健康教育领域,并产生了良好效果。姚斌、刘茹(2008)认为,朋辈教育是具有相同背景或共同兴趣爱好的人在一起分享经验、观念或行为技能,借以见贤思齐、激发上进,实现优势互补、互相促进、共同成长的教育方式。[①]它具有主体交往频繁、空间距离接近、思

---

① 朱平.辅导员在高校"三全育人"中的角色与定位——兼论"育人"的特点与功能[J].思想理论教育,2020(03).

维模式相似等特征,兼具互助与自助双重功能。一般而言,每个人在社会交往中都有属于自己的朋辈。朋辈中的"成员"或年龄相仿,或志趣相投,他们在文化背景、价值观念、心理特征、知识结构、生活经验、内在需求、兴趣爱好、现实问题等某一方面或几方面体现出较大的相似性,因而不同"成员"之间有很多共同话语,容易有效沟通,容易相互理解,容易彼此亲近。因此,与朋辈交往,学生既不会受到强制和压迫,也不会感到拘谨和不安,比较容易在轻松友好的氛围中实现思想意识、价值观念、文化传统、行为模式等的互相渗透、互相影响,并在合辙合拍合心中升腾出知、情、意、信、行上的共鸣共振,从而直接或间接地推动学生在思想和行动的同向同行。

留学生朋辈教育主要是指充分发挥来华留学生自我管理意识和跨文化交流需求,通过课堂学习、社团活动和生活交流等形式,留学生分享自己在思想、知识、经验和文化等方面的所见所闻所感,尽自己所能与身边同学进行生活上、学习上的互助和跨文化适应上的互助,让彼此体会到朋友和同辈的关爱,由此更加勤奋地学习、快乐地生活、和谐地相处,最终实现优势互补、互相促进、共同成长。对来华留学生而言,他们是不同文化的交流使者、思想碰撞的青年群体,在日常学习、生活、娱乐和跨文化适应等过程中,不仅客观上接触最多的是朋辈,而且主观心理上也更乐于与朋辈交流。来华留学生不仅在遭遇困难、碰到问题时愿意找同龄朋友倾诉或寻求帮助,而且在日常生活中也更愿意与同学和朋友交流信息、分享经验、沟通情感、共享快乐,更在意朋辈的感受与评价,也更容易在朋辈中感受温暖、寻求安慰、体会认同、找到归属。换个角度看,在面对朋辈时,来华留学生不仅能更好地发挥主体性,调动自我认知和解决问题的动力,而且更容易在无形中成为"教育者",将自助和互助结合起来,在以人化己的同时也以己化人,实现朋辈对留学生国情教育的正向同化。

为此,一方面要立足朋辈教育,加强对留学生的朋辈引导,构建积极向上的朋辈文化。通过树立先进榜样,处理反面典型,使留学生能够自觉靠近优秀朋辈,远离不良朋辈,在模仿先进、审视落后中加强自省,促使他们将有益的内容进行援引而内化,对有害的思想自觉纠正且摒除。另一方面,也要创造条件,主动推进各种朋辈互助形式的实现。学校要积极开展跨国别学生朋辈互助,打造不同文化背景的留学生共同参与的国情育人场景,打造以中外学生为主体的国情教育多语种宣讲团,开展中外学生共同参与的社会实践,在文化交流互鉴中,以实践带动中国故事传播,以实践向中外学生介绍真实、立体、全面的中国;开展跨学段朋辈互助,组织新老生国情认知经验交流会,开展学长学姐带领新生参观校园活动,策划新老生共同参与的心理团辅,等等,发挥高年级学生在国情教育中的示范引领作用;开展跨学科朋辈互助,开展跨专业学生间帮扶,组织跨学科学术经验、未来规划等方面的访谈交流,加强学科间联系,体现跨学科对话特色,将解决来华留学生的实际问题与思想意识的引导相结合,在实践活动中悄然实现朋辈互助,在潜移默化中发挥留学生国情教育的育人功能。

1.3.2 家长

家庭是孩子人生的第一所学校,父母则是孩子的第一任老师,孩子长大的过程其实也是父母与孩子在教学相长中共同成长的过程。父母在孩子教育成长中扮演着极其重要的角色,父母的言行举止、思想观念和文化素质无时无刻不影响着孩子,可以说从孩子身上,总能找到父母的影子。留学生来华学习,远离家乡生活,远离父母至亲,但家长仍然是他们远渡重洋的重要支撑,父母依旧是其出现突发紧急情况的第一联络人。家庭教育对他们的思想观念、性格发展、学习兴趣和行为习惯等方面有着深远的影响。

让家长参与留学生国情教育,不仅是留学生国情教育社会化的客观要求,也是留学生国情教育的现实需要。要想更具针对性、更为深入地开展留学生国情教育,就要对留学生有较为全面和深入的了解。相对而言,家长对来华留学生在家庭中的表现以及来华以前的学习兴趣、生活特点、思想状况等情况比学校了解得更全面和具体。家长参与下的留学生国情教育,一方面有助于高校教育工作者更为全面、深入地了解留学生,从而结合留学生特点与需求,开展更具针对性、更高质量的工作;另一方面,通过学校教育力量和家长教育力量的有机整合,有利于提高留学生国情教育个体的社会合作程度,形成学校、家长、学生三方面的互动,营造家校合作的教育氛围,形成关心支持留学生国情教育的合力。

因此，工作中我们首先要转变观念，认识到家长参与留学生国情教育工作的重要性，应该创造条件让家长更多参与学校教育管理事务。为此，不仅留学生辅导员、管理人员，所有任课教师（包括导师）也应该积极配合此项工作。其次，建立与留学生家长交流沟通的机制。留学生新生入学后，有关人员应第一时间与家长取得联系，定期发布与留学生有关的信息和学校发展动态，及时征求家长对学校教育管理工作的意见和建议。最后，改进和完善与家长交流沟通的方式。坚持双向互动沟通，既要结合传统方式，又要充分运用现代化手段，拓展海外家长参与的渠道和方法，引导他们参与来华留学生的国情教育。比如，组织家长召开线下新生家长会，组织家长召开视频会议讨论或通报重要事项，邀请家长参加包括毕业典礼在内的学校重要典礼活动，等等。

案例分享1 ▶

留学生辅导员队伍建设：
构建管理服务育人体系，深入推进留学生趋同化管理

意义背景 》》

党的十八大以来，来华留学事业蓬勃发展。《学校招收和培养国际学生管理办法》《来华留学生高等教育质量规范（试行）》先后出台，国际学生教育管理日趋规范，培养质量显著提升，国际学生趋同化管理和培养成为新时代来华留学提质增效的具体要求。《中国教育现代化2035》将提升来华留学质量纳入国家教育现代化重要战略任务。2020年，教育部等八部门《关于加快和扩大新时代教育对外开放的意见》对新时代教育对外开放进行了总体部署，也为国际学生教育工作进一步实现提质增效和内涵式发展指明了方向。

在《学校招收和培养国际学生管理办法》中，明确指出高等学校应当设置国际学生辅导员岗位，了解国际学生的学习、生活需求，及时做好信息咨询、文体活

动等方面服务工作。作为一线接触国际学生的工作人员,国际学生辅导员队伍建设和发展直接关系到国际学生趋同化管理和培养的效果与质量。

实施过程

华中科技大学的来华留学事业始于20世纪60年代,2002年建立国际教育学院,统筹协调学校来华留学各项工作。华中科技大学始终将来华留学事业融入学校的总体发展战略,在学校"十四五"规划和《华中科技大学全球发展战略2030》中明确要求"加快高水平的教育对外开放,主动服务国家战略和人类命运共同体建设""建设世界一流学生所选,世界一流同行所认可的新时代'卓越华中大'"。

《学校招收和培养国际学生管理办法》实施后,华中科技大学迅速开展贯彻落实工作,在2017年即出台《华中科技大学国际学生工作管理规定》,从顶层设计角度理顺全校来华留学工作,明确国际教育学院作为来华留学归口管理单位,各院系是国际学生培养和管理的责任主体,各职能部门各司其职,负责涉国际学生的各项工作。校党委常委会在同年核定了专职国际学生辅导员编制12个,由学生工作处统一管理考核,国际教育学院进行业务指导,按国际学生规模情况配备到各相关院系具体使用。从2018年首批专职国际学生辅导员入职以来,华中科技大学国际学生辅导员队伍经历了从无到有、从探索到规范、从热爱到专业的历程,在学校层面,主要开展了以下工作。

一、加强建章立制工作

制定和完善国际学生管理相关校级文件,出台《华中科技大学国际学生(本科生)管理办法》《华中科技大学国际学生(研究生)管理办法》《华中科技大学国际学生(本科生)先进个人评选办法》《华中科技大学国际学生(研究生)先进个人评选办法》;将国际学生的违纪处分统一纳入《华中科技大学学生违纪处分条例》;修订《华中科技大学学生注册管理办法》《华中科技大学学生注册工作先进单位评选及奖励办法》,明确将国际学生的学籍归入就读院系,国际学生的注册率等纳入所在院系的考核。从制度设计层面理清国际学生辅导员的职权范围。

二、实现管理全覆盖

在国际学生规模达不到配备专职国际学生辅导员的院系，要求院系指定专人负责国际学生日常管理工作，针对国际学生管理的特点，该工作人员可以是中国学生专职辅导员，也可以是外事秘书等，由国际教育学院统一进行业务指导。进一步补充了院系国际学生管理力量，扩大了国际学生辅导员队伍的交流圈。

三、注重队伍建设

专职国际学生辅导员享受与中国学生辅导员同等待遇，包括辅导员津贴、评先评优、培训机会、职称评定和职务晋升等完全一致。以培训工作为例，在学工处组织辅导员海外研修计划中，已有3名国际学生辅导员分别于2018、2019年参加；学工处组织心理健康指导师培训、生涯规划师培训等，予以国际学生辅导员同等资助和参与资格。此外，国际学生辅导员还参与全国高校国际学生辅导员工作研讨会、来华留学教育学术研讨会等培训，提升专业水平和业务能力。

实施效果 >>>

2018年以来，专职国际学生辅导员获得校级"十佳辅导员"荣誉称号2人，"优秀辅导员"荣誉称号6人，获得"优秀共产党员""抗击新冠肺炎疫情先进个人""信访工作先进个人""宣传工作先进个人"等校级荣誉称号14人次；获得教育部心理健康指导师认证9人，生涯规划师认证4人；2人获国家留学基金委资助参加青年骨干教师出国研修项目；3人参加学校组织的辅导员海外研修班；5人参加各级课题申报并获批9项，3人以第一作者发表国际学生工作相关论文5篇。国际学生辅导员的业务能力得到充分锻炼，工作实绩突出。

伴随着国际学生辅导员队伍的发展成长，华中科技大学国际学生管理与培养趋同化工作不断深入。全校现有包括12名专职国际学生辅导员在内的40名工作人员负责院系层面的国际学生日常管理服务工作,实现了全覆盖。国际学生的院系归属感和专业归属感更加强烈,培养质量逐年提升,国际学生为第一作者在"十三五"期间(2016—2020年)发表SCI/SSCI论文435篇,2021年发表198篇。

总结反思

席卷全球的世纪疫情对各行各业造成了冲击,由于人员流动受限,国际教育在其间受到的影响巨大,已经到了"触底反弹"的关键时期。在国际上,受美国对华"脱钩断链"、欧洲对华"去风险化"等国际形势影响,来华留学总体形势不容乐观。在国内,国际学生培养提质增效到了"高质量""高层次"培养的新阶段。几方压力叠加,可以预见,现阶段和今后一段时间都将是来华留学教育事业发展的艰难而重要的时期。在事业高质量发展的需求下,不断优化管理服务,维护安全稳定的发展大局,减少精力和资源不必要的损耗更显重要。

在国际学生辅导员工作方面,华中科技大学还将进一步加强建章立制,优化完善国际学生辅导员考核体系,探索将中国学生辅导员兼职从事国际学生管理工作纳入辅导员工作考核体系;进一步强化国际学生辅导员培训体系,探索挂职、交流、驻外等干部培养模式,将国际学生辅导员培养成一支"想得起、找得到、靠得住""跨文化、跨专业"的优秀队伍。

2.育人组织

参与留学生国情教育的育人群体可分为正式组织和非正式组织,其中正式组织包括教育主管部门、奖学金主管单位、涉外主管部门、学校等。非正式组织包括学生会、社团等。这些组织在留学生的培养过程中,层级清晰、分工明确,并在留学生国情教育中发挥各自的育人职能。

2.1 正式组织

2.1.1 教育主管部门

教育部作为国家层面的教育主管部门,下设国际司负责研究拟定国家教育外事工作的方针、政策,起草有关法规文件;研究拟定来华留学管理工作的方针、政策,统筹管理来华留学工作,协助和指导各省级教育行政部门制订本地区来华留学工作发展规划,在来华留学工作中肩负着顶层设计的重任。在留学生国情教育层面,其相继出台了《留学中国计划》、42号令、《规范》《高等学校国际学生勤工助学管理办法》等一系列重要政策文件,为留学生国情教育的开展指明了方向。

地方教育厅/教育委员会是地区层面的来华留学教育主管单位,负责对属地来华留学工作进行总体的指导和监督;负责贯彻执行教育工作的法律、法规、规章和方针政策,起草来华留学教育地方性法规、规章;开展国际中文教育等工作。以重庆市教委为例,作为地方来华留学教育主管部门,组织市内高校共同打造"留学重庆"品牌,出台《重庆市高等学校招收和培养国际学生管理办法》《重庆市高等学校国际学生勤工助学指引》等指导性文件,设立重庆市来华留学生教育实践基地,开展重庆市教育国际文化节、"感知重庆"国际学生社会实践等活动。

2.1.2 奖学金主管单位

国家留学基金管理委员会(China Scholarship Council,简称"留基委"),是教育部直属的非营利性事业法人单位,是中国政府奖学金的主管单位,负责统筹外国公民来华留学的组织、资助、管理,加强中国与世界各国人民之间的友谊与了解,促进中国社会主义现代化建设和世界和平事业;负责管理、使用国家留学基金,确定有关资助项目与方式,制定管理规章,发挥基金使用效益。在留学生国情教育层面,留基委自2013年设立"感知中国"中国政府奖学金生文化体验和社会实践活动品牌,牵头面向全国高校开展中国政府奖学金生社会实践基地遴选,设立"优秀来华留学生""CSC校友之星"荣誉称号并组织评选,在留学生特别是中国政府奖学金生的国情教育上发挥了示范引领作用。

中外语言交流合作中心(Center for Language Education and Cooperation,简称"语言合作中心"),是教育部直属的发展国际中文教育事业的专业公益教育机构,是国际中文教师奖学金的主管单位,致力于为世界各国民众学习中文、了解中国提供优质的服务,为中外语言交流合作、世界多元文化互学互鉴搭建友好协作的平台。其主要职能是:为发展国际中文教育与促进中外语言交流合作提供服务,统筹建设国际中文教育资源体系,参与制定国际中文教育相关标准并组织实施;支持国际中文教师、教材、学科等建设和学术研究;组织实施国际中文教师考试、外国人中文水平系列考试,开展相关评估认定;运行"汉语桥"、"新汉学计划"、奖学金等国际中文教育相关品牌项目;组织开展中外语言交流合作;等等。在国情教育层面,语言合作中心在汉语国际推广和中华文化传播方面发挥了积极而重要的作用,其设立的国际中文教师奖学金和"汉语桥"品牌为世界各国民众学习汉语和了解中华文化发挥了不可替代的作用,也为传播文化、沟通心灵、推进中国同世界各国人民交流、促进多元多彩的世界文明发展和文明多样性做出了重要贡献。

2.1.3 涉外主管部门

外交部和省(自治区、直辖市)级人民政府外事工作办公室(简称"外办")分别是国家和地方的涉外主管部门。中华人民共和国外交部是中华人民共和国政府的外交机关,是中华人民共和国国务院内主管外交事务的部门,负责处理中华人民共和国政府与世界其他国家政府及政府间国际组织的外交事务。在对来华留学生的培养过程中,地方外办则具有了承上启下的功能:负责贯彻执行党和国家外事方针政策、法律法规以及省级党委、政府关于外事的决策部署,负责审核、审批国(境)外留学生来华有关事宜;协调处置留学生重大涉外案(事)件;协助报批和留学生相关的重要国际活动;等等。在涉及诸如42号令等重大政策文件制定出台的过程中,外交部深度参与其中,地方外办也在推动来华留学教育和留学生勤工助学等文件落地方面发挥了要作用。

国家移民管理局和地方出入境管理局是主要负责留学生出境入境管理的涉外主管部门,承担留学生居停留、签证管理,查处留学生违法犯罪活动等工作。

同时，也保护留学生的人身及财产安全。《高等学校国际学生勤工助学管理办法》以及其地方性配套文件的起草和出台均有国家和地方出入境管理部门参与其中。出入境管理局对留学生既有管理职责，也有服务和育人功能。对留学生开展法律法规的宣介，提高留学生的安全、法律意识，既是出入境管理部门的重要职责，也是引导留学生了解认识中国国情的前提。

2.1.4 学校

国情教育不仅是留学生了解认识中国国情、提升中华文化认同的重要途径，也是高校人才培养的重要环节。高校作为接收和培养来华留学生的主要组织机构，肩负着培养知华、友华、爱华国际人才的重要使命，致力于增进留学生对于古今中国的认识和理解，对留学生国情教育承担主体责任。

学校应着力做好全校留学生教育的顶层设计，将留学生国情教育纳入学校思想政治工作整体规划，贯彻习近平总书记给留学生重要回信精神，根据42号令和《规范》等有关文件要求，结合所在区域国情教育优势资源和高校自身办学特点，明晰学校留学生国情教育的整体思路、工作目标、具体任务和实施路径，成立相关工作领导小组，出台相应工作指导文件，建立校内考核评价制度，一体化推进留学生国情教育工作。

学校来华留学生归口管理部门是校内开展留学生国情教育的主责单位，除了在第一课堂开设面向全校留学生的"中国概况"类课程，并开办各类国情教育讲座外，也需要在第二课堂组织留学生参与各种社会实践与文化体验活动，建设各类来华留学生国情教育实践基地，形成第一课堂与第二课堂同频共振、协同育人的工作格局。此外，在全校层面留学生国情教育工作的政策宣介、师资培训、科学研究、监督考评等方面，来华留学生归口管理部门也发挥着不可替代的作用。

校内各有关职能部门和二级培养单位在留学生国情教育工作中各司其职。团委、学工、研工等学生管理部门应立足中外学生趋同化管理的理念，通过开展中外学生联合社会实践、举办中外学生同台竞技校园文化活动、组建中外学生共同参与的校内社团等方式,加强中外青年交流对话,推动中外学生国情教育一体化;宣传、网工等部门应协同来华留学生归口管理部门和各二级培养单位,做好各类国情教育活动的对内对外宣传,提升学校留学生国情教育品牌影响;保卫、后勤、医院等管理服务部门,应立足自身工作职责,提升服务工作水平,在和留学生的接触中营造正面积极国家形象的同时,为各类国情教育活动提供有力保障和服务支撑。各二级培养单位作为留学生专业学习和日常管理的教育主体,更应认识到留学生国情教育,不仅限于某一个部门的工作范畴,应充分结合本单位的专业属性和优势资源,创造性开展留学生国情教育。

2.2 非正式组织

2.2.1 学生会

学生会是学校的组织结构之一,是学生自己的群众性组织,是学校联系学生的桥梁和纽带,是学生自主参与、自主管理、自我约束、自我教育的重要平台。通常由辅导员担任指导老师,以主席团为领导核心,包括学生会主席一人,副主席若干人。在主席团下设数个职能部门,包括办公室、宣传部、组织部、学习部、实践部、体育部、文艺部、生活部、纪检部、外联部、社团部、技术部等。

留学生会是校内留学生群体以民主选举方式产生的留学生自治组织,在来华留学生主管部门的指导下开展工作。针对国别留学生人数比较多的情况,可以在留学生会名下增设国别学生分会,作为对留学生会的有效补充。

在留学生会组织建设的过程中,学校要站在组织育人的高度,基于其工作职能挖掘发挥留学生会在国情教育上的育人价值。从留学生干部的选配上,一方面要基于民主集中的原则选拔出在留学生中号召力强、群众基础好的代表;另一方面,也要特别关注培养知华、友华、爱华的优秀学生作为留学生会干部储备,让留学生会成为开展国情教育的重要助手,积极发挥其在全体留学生中的"头羊效应"。从留学生会的对接沟通职能来看,留学生会是留学生管理人员与留学生沟通的桥梁纽带,留学生管理人员通过留学生会可以更加敏锐洞悉留学生在国情教育上的需求点和痛点,精准地开展更有针对性和吸引力的留学生国情教育活动。此外,留学生会还承担着组织、策划、举办包括国情教育活动在内的各种学生活动,通过自发或协助学校开展国情教育知识竞赛、讲座、实践、研学等活动,可以有效帮助留学生自主建构全面、真实的中国观,增强其读懂中国和讲好中国故事的能力。

2.2.2 社团

各种各样的社团是开展高校留学生国情教育的主要阵地之一。2020年1月,中共教育部党组、共青团中央联合印发的《高校学生社团建设管理办法》指出:"高校学生社团是落实立德树人根本任务、推进素质教育的重要载体,是高校学生根据成长成才需要,结合自身兴趣特长,在高校党委的领导和团委的指导下开展活动的群众性学生团体。"在习近平新时代中国特色社会主义思想的指导下,高校社团应当团结凝聚广大青年学生,促进培养广大青年学生德智体美劳全面发展。

高校社团的育人定位取决于高校社团的性质,按其育人功能可分为政治引领类、价值导向类、文化传承类以及能力培养类。随着时代的发展,网络技术的突飞猛进,新时代高校社团不仅在种类上越加丰富,校内各团、国内社团之间的联系也愈发紧密,更多前所未有的活动得以开展,为留学生国情教育的实施拓展了空间与深度。

随着来华留学教育进入提质增效的新发展阶段,一方面越来越多校内学生社团开始吸纳留学生参与其中;另一方面专门面向留学生群体和差异化需求成立的留学生社团也越来越多地出现在大学校园中,并在留学生国情育人方面发挥了日益凸显的作用。以国情教育元素为主题的社团受到留学生的广泛关注,比如,经典诗词诵读队、古筝队、茶艺社等中华才艺类社团不仅使得留学生可以系统深入地了解中华优秀传统文化,也在提升才艺、技能的同时增进了留学生对于中华传统价值观的认同。留学生社团建设与国情教育课程深度融合,以西南大学"五洲合唱团"为例,学校通过开设传统音乐鉴赏等课程,以选修学生为主体,将社团训练和课程教学相结合,统一纳入课程学分进行管理,是"兴趣社团化、社团课程化"的成功尝试之一。留学生社团对于培养留学生的社会责任感和公益意识也发挥了积极作用。通过参与社团组织的公益活动和志愿服务,可以拉近留学生和中国百姓的距离,破除文化隔阂及误解,使得留学生可以深入了解中国人民和中国社会。比如,中国地质大学以留学生为主体组建"钢铁侠"丝路国际志愿服务队,与全校师生一起积极投身抗疫实践,获得了广泛积极的社会关注和反响。

留学生国情教育是一项开放的系统工程,除了高校内部加强协作沟通外,需要全社会各种力量参与、配合,涉及国家政策法规、外交环境、主管部门宏观规划和政策导向,以及全社会的关注和配套体系的支撑。它还需要校内校外的统筹协调,为留学生国情教育共同体建设搭好桥、铺好路,比如,各级团委、交流协会、工商联、高等教育学会外国留学生教育管理分会等组织机构对留学生的文化体验和社会实践发挥着举足轻重的作用。此外,各地方人民政府为留学生了解中国脱贫攻坚成果和乡村振兴计划提供了丰富资源,各类企业为留学生走访观摩和实习就业提供了宝贵机会,等等。

案例分享2

党建+来华留学生国情教育:构建"1+2+1"育人新模式 高质量推进来华留学事业新发展

意义背景

2021年6月,习近平总书记给北京大学留学生回信时指出,要读懂今天的中国,必须读懂中国共产党,鼓励他们主动了解中国国情和中国共产党历史,欢迎他们多到中国各地走走看看,更加深入地了解中国,并把所见、所闻、所感介绍给更多的人,为促进各国人民民心相通发挥积极作用。因此,开展留学生国情教育意义重大,影响深远。

留学生国情教育是时代赋予来华留学教育的重要使命,它事关培养中外友好交往的推动者和促进者、"人类命运共同体"构建的参与者和建设者。当前,来华留学生国情教育存在育人属性认识不足、顶层设计不够、体制机制不顺、形式单一、平台搭建不畅等问题。因此,强化党建引领,促进党建工作与来华留学事业发展深度融合,不失为创新来华留学生国情教育的有益尝试。

实施过程

西南大学国际学院作为全校国际学生归口管理单位,始终将立德树人根本任务贯穿来华留学教育管理始终。2018年以来,学院探索构建面向国际学生的全员、全方位、全过程思政工作格局,产出了系列理论和实践成果,切实提升了育人实效,形成了引领示范效应。坚持党建引领,构建了"1+2+1"育人模式,即创建一个以中国国情宣讲团为核心的育人队伍,构建以"第一课堂+第二课堂"为主体的育人阵地,打造一个以"缙云知华"系列品牌为依托的育人平台。具体如下:

一、以国情宣讲团为核心的育人队伍

学院整合院内外、校内外教育教学资源,牵头成立了"'缙云知华'来华留学生中国国情宣讲团",成员由校内优秀党员为核心的专家学者、骨干教师,留学生管理干部、优秀中外学生及校外行业精英组成。

二、以"第一课堂+第二课堂"为主体的育人阵地

第一课堂由"基础课程+发展课程"构成,包含中国概况(必修课)、中华传统体育、中国民歌赏析、中华才艺等基础课程,以及跨文化交际、影视鉴赏、传统礼仪等个性化发展课程。第二课堂坚持以社会主义核心价值观为导向,打造"国际学生教育实践基地"实践平台,开展"国际文化节""汉语之星"大赛、"汉语桥"世界大学生中文比赛等特色学生活动,组建"五洲合唱团""洋雷锋志愿队""中华经典诗词诵读队"等特色学生社团。

图 3-1　中外端午诗会暨2023年"汉语之星"大赛
（毕业国际学生专场）在北碚万达广场举行

三、以"缙云知华"系列品牌为依托的育人平台

设立"缙云知华"大讲坛、国际学生辅导员/班主任工作坊以及网络文化工作坊。讲坛下设专家讲座、中外青年沙龙以及学术沙龙，围绕通识板块、跨文化板块、巴渝板块、校园板块4个方面，包括政治、经济、文化、社会、教育、历史、巴渝文化、新农村、校史校情、大学章程、校园安全、规章制度、跨文化沟通、心理调适、朋辈引导等15个专题，向来华留学生讲述真实的中国。目前已举办"重庆的昨天、今天和明天""国际学生安全教育""从疫情中学习古今中国人抗疫的故事""从北京冬奥会开幕式看来华留学生中国国情柔性教育"等30余期主题讲座。

实施效果 >>>

2018年以来，国际学生在各类比赛中获奖，涌现一批优秀学生代表，多个相关课题立项，多篇文章发表，在多个场合分享育人经验，学生工作多次被主流媒体报道，党建工作案例《搭建国情教育平台，探索来华留学生教育新路径》入选中共西南大学党委"五个一"行动风采展,国情教育阶段性成果《"三全育人"视域下来华留学生国情教育探究与实践》获评西南大学第五届教学成果奖三等奖。

国际学生辅导员年度测评平均满意度达93%,累计400余人次国际学生获评"西南大学优秀来华留学生"称号、200余人次国际学生获评"西南大学优秀来华留学毕业生"称号。组织全市高校开展《当代中国故事:光荣与梦想》全英文系列讲座,系统宣介中国国情;成立"缙云知华"国际学生辅导员/班主任工作坊,面向全市高校一线留学生管理人员开展相关学术交流和业务研讨。

图3-2 "缙云知华"国际学生辅导员/班主任工作坊
启动仪式暨第一期沙龙

一、留学生获奖

近年来,国际学生在全国各类比赛中斩获佳绩,共计一等奖9项、二等奖13项、三等奖8项、优秀组织奖6项。如:1人获得"汉语桥"全球外国人汉语大会全球银奖;3人代表西南大学参赛,获"汉语桥"2017全球外国人汉语大会团体比赛银奖;2人代表成都赛区参赛,获"汉语桥"2016全球外国人汉语大会团体金奖并获个人单项奖;1人获全国"汉教英雄会"最佳风采奖;2人分别获重庆市中文演讲比赛冠军;2021年《看中国·外国青年影响计划·重庆行系列影片》入选全国高校思政工作网《百年珍贵记忆——全国高校庆祝中国共产党成立100周年原创精品档案》;在第六届全国大学生网络文化节上,《夏布新生》《小村大爱》分别获微电影三等奖、优秀奖。

二、优秀学生代表

西南大学培养了以荷兰籍博士毕业生张克雷、乌兹别克斯坦籍博士毕业生祖合丁为代表的一批优秀来华留学生。在第58·59届中国高等教育博览会发布的"全国优秀来华留学生成果展"中,西南大学4人入选(全国共计65人)。赞比亚籍留学生吉夫特发布"爱中国 爱重庆 爱西大"为主题的音乐专辑《东行漫曲》(Journey to the East),为"一带一路"倡议十周年纪念献上厚礼。

三、论文发表和项目立项

西南大学留学生管理干部和一线教师致力于探索"三全育人"视域下来华留学生国情教育模式并创新育人实践方法,8篇学术论文公开发表于重点刊物,7项课题获得西南大学、重庆市教委、教育部中外语言交流合作中心、中国高等教育学会等单位立项支持。

四、管理服务创新

(1)泰国北部校友会、泰国南部校友会、哈萨克斯坦校友会挂牌成立;(2)重庆市高校首家来华留学生移民事务服务站落户我校;(3)创立全市20余所高校参与的"缙云知华"国际学生辅导员/班主任工作坊。

五、对外交流

西南大学应邀在"第58·59届中国高等教育博览会新时代国际学生高质量发展论坛""新时代高校留学生高质量发展研讨会""2020年国际学生国情教育工作研讨会""2021年四川省高校留管干部能力提升项目""2022年国际军事人员培训研讨会""第二届来华留学生心理健康预警与心理疏导暨心理疏导师(初级)培训"和全国国际学生辅导员工作研讨会做有关国情教育的大会发言和经验交流。

图3-3 西南大学国际学院党委书记刘猛在"第58·59届中国高等教育博览会新时代国际学生高质量发展论坛"作大会交流发言

六、媒体报道

我校留学生工作先后被新华网、人民网、"学习强国"学习平台、《中国日报》、《重庆日报》等主流媒体报道,传递了来华留学正能量。2021年"汉语之星"大赛被新华网报道,网络点击量累计110万次。

总结反思 》》》

42号令和《规范》颁布至今6年多,留学生国情教育发展已经进入深水区,如何进一步彰显国情教育的育人属性、如何客观评价国情教育的育人实效性是我们下一步思考的工作重点。

来华留学教育是学校人才培养的重要组成部分,事关国家外交战略、学校国际化进程、"双一流"建设和"特色鲜明的世界一流大学"奋斗目标达成。做好来华留学工作,两手抓两手都要硬,既要育才,更要育人,通过显隐并举的方式,不断厚植来华留学生对中国的认知和情感。

我们将深刻领会总书记重要讲话精神,切实践行"求真知 谋大同"的院训,完善来华留学生国情教育育人体系,建构育人评价机制,从宗旨与愿景、组织与保障、主体与方式、育人成果、效益与传播、质量监控等六个方面构建来华留学生国情教育效果评估标准三级指标体系。由此,不断探索留学生育人新路径、新模式,保障来华留学质量稳步向前发展,为推进"留学中国"品牌的内涵建设做出西南大学的贡献。

案例分享3

国际学生五洲合唱团:歌唱经典 "乐"读中国

意义背景

音乐是一门奇妙的艺术,即便是对某一门语言掌握不够好,也可以通过歌声去表达感情、与他人交流。音乐是无国界的,来自不同国家的来华留学生可以因音乐相聚,用歌声传递真情。为此,西南大学国际学院于2015年3月成立了由来华留学生、国际学院教职工以及汉语国际教育硕士中国班学生组成的师生合唱团,并在2018年5月参加学校研究生合唱展演时更名为"五洲合唱团"(简称"合唱团"),寓意团员从五洲四海相聚西大,用歌声传递力量,用音乐成就梦想。

图3-4 五洲合唱团参加西南大学教职工合唱比赛展演

成立国际学生五洲合唱团,为学生搭建沟通交友的平台,架起师生之间学习讨论的桥梁,有助于缓解来华留学生在异国他乡的孤独感,帮助留学生更快地适应留学环境。合唱团为师生们提供课上学习交流与课下互动讨论的契机,有利于提升学生的中文水平,丰富学生的课余生活。多姿多彩的社团活动,让留学生有机会切身感受和体验中国文化,有益于加深留学生的文化认同感。

实施过程 》》》

合唱团是一个以留学生为主体的社团,社团管理规范,配备有顾问、领队、团长、指挥及艺术指导等专业领导队伍。在招新、日常排练、学分评定等管理工作中制定专门的规章制度,将精品课程建设与学生社团管理有机结合,助力学生社团发展与完善。

一、多渠道招新协同有序化管理

合唱团每年都会招募新成员,成员选拔主要通过以下几种方式:

1.从选修"中国民族音乐赏析"课程的学生中选拔优秀成员:待"中国民族音乐赏析"这门选修课程开课之后,由任课老师推荐部分优秀学生直接进入合唱团。

2.组织合唱团招新选拔:学生可参加每年十月初的招新报名,经过选拔后进入合唱团。

3.由老师推荐:对没有选修学分课程又错过招新的优秀学生,可以由老师或者学生推荐,经选拔后也可以成为合唱团成员。

成员在进入合唱团之后,需遵守合唱团制定的管理条例:

1.副团长及声部长管理:通过竞选方式选出五洲合唱团常任副团长2名,声部长3名,即:女高、女低及男声声部长各1名。负责协助管理老师做好教学、排练、演出等各项工作。

2.合唱团成员管理:凡进入合唱团的成员,应秉持热爱音乐,了解中国民乐的愿望认真参与合唱排练。如无故缺席或未认真参与排练,请假超过三次,缺勤超过两次者,将不能继续选修此课程。

二、实践技能训练与精品课程建设相结合

合唱团将精品课程建设与实践技能训练结合起来。"中国民族音乐赏析""中国民族音乐赏析能力训练"是面向全校留学生开设的文化类选修学分课程，选修中国民族音乐赏析课程，将获得1~2学分。合唱团则是"中国民族音乐赏析能力训练"课程的实训载体，参与合唱团每学期的排练演出后可获得中国民族音乐赏析能力训练课程1学分。

合唱团学期末进行考评，凡按时参加合唱排练，请假不超过三次，缺勤不超过两次，表现优异的成员，即可获得"中国民族音乐赏析能力训练"课程1学分，可累加。

排练时间为每周两次，每次约为1.5~2小时。排练前老师根据所选曲目进行讲解，介绍歌曲的创作背景、歌词意思以及表达的情感。希望学生通过了解歌曲创作背景、歌词意思后，能更加准确、真切地将情感表达出来。同时，这也为留学生通过音乐学习中文和了解中国文化提供了机会和平台。

三、定期汇报总结助力学生评优评奖

每次演出结束后，合唱团都会邀请负责领导、指导老师及所有团员参加总结会，对学期排练及演出做一个总结，对未来发展规划做一个说明。

每学期末，由管理老师、指导老师、钢琴伴奏老师以及合唱团教师代表共同商议，对工作认真负责的常任副团长、声部长、合唱团成员颁发荣誉证书及奖品，并积极推荐其参加学院学校的活动和各类奖学金的评选。获得合唱团表彰的优秀成员在学校评优评奖上会优先考虑。

实施效果 》》》

合唱团自成立以来，多次在校内外各种重大场合有过精彩演出。先后参加第二届世界大河歌会、"我和重庆一起飞"走进北碚——中法文化交流周、北碚区校地合作文艺展演、西南大学国际文化节等大型活动演出，受到一致好评。合唱团依托精品课程建设打造出学校特色名片，开创"管+教+学"协同育人模式，助力留学生教学管理，教育教学成果显著。

图3-5 五洲合唱团参加第二届世界大河歌会(万州专场)演出

一、加深文化认同,打造特色品牌

合唱团每次在选曲上都会精心挑选优秀经典的中外文曲目。例如,在新中国成立七十周年之际,合唱团演唱《我爱你中国》《我和我的祖国》等歌曲,老师引导学生理解歌词含义,让学生把对自己祖国的思念融入歌曲的演绎当中。在外文曲目的演绎上,合唱团带领团员学习英语、俄语、印尼语、斯瓦希里语等不同语言的经典曲目,由团里的各国成员负责教大家不同的语言,团员们不仅学习歌曲、语言,更了解了不同国家的文化。

另外,合唱团也引导团员们主动关心时事,了解国家之间的交流与合作。为感念"一带一路"倡议提出后所带来的发展成果,合唱团演绎原创中文歌曲《我爱中华——"一带一路"是一家》,并拍摄经典中华音乐MV,在海内外多个媒体传播,播放量超过百万次。疫情爆发以来,合唱团成员在世界各地牵挂中国。虽然因疫情无法相见,但他们以"云"合唱的形式,演唱温暖而充满力量的《我爱你中国》。来自赞比亚的团员吉夫特作词作曲CHINA WILL RISE为中国加油。该生受邀参加由留学基金委主办的"感知中国"十周年庆主题营嘉宾表演,并获得"感知中国"宣传大使称号。同年,他还受邀参加"第58·59届中国高等教育博览会新时代国际学生高质量发展论坛"开场表演。

图3-6 五洲合唱团在"我和重庆一起飞"走进北碚——中法文化交流周活动开幕式上演出

合唱团不仅是不同国家留学生交流的平台,也是连接老师与学生的纽带,更是中外文化交流的桥梁,发展至今已然成为学院文化建设和学校对外交流的一张亮丽名片。

二、"管+教+学"协同育人,助力来华留学生教学管理

"管"指留学生辅导员,也指留学生工作管理;"教"指留学生课堂任课教师,也指留学生教育教学;"学"指留学生,也指留学生的学习。合唱团将留学生辅导员、任课教师以及留学生连接起来,并连通留学生工作管理、留学生教育教学及留学生的学习。对留学生进行课上教学引导、课下活动指导及日常生活监管,有助于更好开展留学生教学管理工作,有利于更好实现留学生协同育人工作。

图3-7　五洲合唱团参加西南大学"颂歌献祖国唱响新时代"研究生合唱比赛展演

留学生加入合唱团，不仅可以结识新朋友，缓解异国求学的孤独感，还可以通过音乐了解中国文化，提升中文水平，在演出当中收获舞台表演经验和自信。很多留学生纷纷表示受益匪浅：中文表达更加流利，音乐鉴赏力明显提升，对生活充满无限热爱。

教师加入合唱团，不仅使日常工作压力得以释放，可以培养业余兴趣爱好，还能加深与留学生之间的情感交流。这为教师更好开展教育教学管理工作提供更多平台和渠道，也增加了教师职业的获得感与幸福感。

总结反思

《规范》从学科专业水平、对中国的认识和理解、语言能力、跨文化和全球胜任力四个方面明确留学生的人才培养目标，指出留学生应当熟悉中国历史、地理、社会、经济等中国国情和文化基本知识。以留学生为主体的五洲合唱团理应肩负起留学生培育及传播中国文化的使命，给留学生提供更多体验中国文化、感受中国风土人情的机会，帮助留学生加深对中国文化的理解和认同。

未来，合唱团将吸纳更多优秀中外学生加入到队伍中，进一步完善管理制度，让社团管理更规范、队伍更专业、社团发展更具影响力。同时，合唱团将立足地区特色文化，把川剧、川江号子、民歌、小调等优秀传统艺术融入合唱表演，打造更富文化内涵的特色社团。

图 3-8　五洲合唱团参加西南大学庆祝中华人民共和国成立七十周年教职工合唱比赛

第二节

来华留学生国情教育的时空经纬

"全过程育人"是"三全育人"理念的核心逻辑，意在多维度贯通育人环节。"全过程育人"关注的绝不只是育人的某一时段或单一领域，而是重在建构层次间、主体间、领域间、问题间的有机联系,进而在层层深入、有机衔接的一体化意义上进行育人设计。①

经过对高校留学生国情教育实践的梳理,发现其至少存在时间和空间两个基本维度。从时间轴看,国情教育存在于留学生入学前、入学后和毕业后三大时间板块。其中,入学前又可分为学生招生录取阶段和学生报到前的入学准备阶段。入学后又可大致分为入学适应阶段、稳定发展阶段、实习实践阶段、毕业离校阶段等。毕业后主要指以毕业后的留学生为对象开展的校友工作。从空间轴上看,国情教育的内容涉及以国家政治、经济、文化、科技、社会、法律等国情为育人素材的宏观层级;也涉及以属地风土人情、当地法规政策、在地发展成就等地情为育人素材的中观层级;还涉及以学校历史沿革、大学章程、校园文化、校纪校规等校情为育人素材的微观层级。而"全过程育人"视域下的留学生国情教育正是在时间和空间两个维度下纵横交错地开展。

1. 来华留学生国情教育的时间轴

1.1 入学前

在招生录取阶段,负责招生工作的留学生管理人员应将国情教育元素前置于招生宣讲的内容体系中,从宏观国情、中观地情、微观校情等维度潜移默化地开展国情教育,充分激发潜在生源对于留学国家、留学地区和申请学校的广泛兴趣。应使留学生对中国作为留学目的国的基本制度、社会现状、法律法规、传统节日、货币汇率等国情有必要的认识,也要使其对于学校所在城市的风土人情、物价水平、饮食习惯、气候情况、法规政策等地情有基本的感知,更要使其对于学校的历史概况、大学精神和校训、学科专业、培养方案、食宿条件、交通方式、特色活动等校情有具体的了解。

在入学准备阶段,负责学生工作的辅导员或留学生管理人员应积极介入,在管理服务工作中接续面向拟录取学生开展更为精细化的国情教育。不仅要通过

---

① 关世杰.跨文化交流学[M].北京:北京大学出版社,1995:22.

邮件和新媒体渠道发送新生入学须知,告知签证居留办理、保险购买、缴费汇款、报到注册流程、住宿预订等管理要求,提供机场接机、来校路线指南、衣物日用准备、朋辈支持等人性化服务,使留学生为尽快适应在华学习生活做好准备,还可通过向其宣介推送国内重大时事新闻、校园重要活动等实时性信息,增进其对于中国主流社会文化和校园文化的感知与理解。

1.2 入学后

在入学适应阶段,重点做好留学生新生入学教育。入学教育是留学生国情教育的第一课,入学教育的本质是适应性教育,包含生活适应教育、学习适应教育、心理适应教育、文化适应教育及安全教育。作为留学生在华学习生活的开端,其作用不可忽视。不少留学生新生是初次来华,甚至是首次出国,面临着学习生活环境的急剧变化,极易陷入茫然、自卑、失落、恐慌等多重负面情绪交织的"文化休克期"。这一时期的留学生国情教育不应追求对于国情的深入阐释,而应充分遵从"需求层次理论"的发展规律,首先确保留学生新生的生理、安全等低层次需求优先得到及时回应和充分满足。比如,安排校园游览,带领学生熟悉自己即将接触的教学环境、食宿环境、运动环境、购物环境、医疗环境等;对接必要的长辈和朋辈支持,推介学校的管理老师、留学生会、学生社团等信息;提供入住办理、生活用品购买、货币兑换、网络协助等迫在眉睫的人性化服务;开展身心健康状况、家庭经济情况等调查和心理团辅、"破冰"等活动。相较于宽泛的国情教育素材,入学适应阶段的留学生对于易感知的地情教育和校情教育素材则更为敏感,可以适时带领留学生走进校史馆、开展地域文化考察等,让学生建立起对于校园文化和地域文化的初步感知。

在稳定发展阶段,留学生已基本完成了对新的学习生活环境的适应,"文化休克期"的负面情绪有了一定程度的缓解,对于国情、地情和校情产生了深入了解认识的兴趣。与此同时,随着课业压力的增大,对于学业、职业生涯的规划开始产生迷茫,学业倦怠情绪也有可能滋生。此时,结合中国当代建设成就、属地特色资源和校园文化建设,开展更为精细深入的国情、地情和校情教育,实现育人效果由初步认知向深入理解的质性转变。此外,在学习生活稳定发展阶段,也要适时结合学校情况融入校纪校规、学业生涯和职业生涯规划教育,持续提供减压赋能的心理健康教育服务。

在实习实践阶段,无论从专业学习的具体要求来说,还是从国情教育递进式发展来看,留学生都需要经历一个由认知到践行的过程。因此,开展有针对性的文化体验、社会实践和田野调查是该时期留学生国情教育的主要形式。学校需要以育人为导向,结合特色优势资源,做好国情教育第二课堂设计,积极推进中外学生融合式国情教育活动,充分发挥培养单位的主观能动性,倡导结合学生专业背景和个体需求开展更加精准务实的国情教育实践。此外,该阶段学生实习需求强烈,学校可以结合国家和地方出入境政策,给予学生必要的实习和勤工助学支持。

在毕业离校阶段,留学生即将结束在华学习,对于部分学能较弱、毕业困难的学生,可能面临着延期毕业的风险,将不可避免地产生焦虑、抑郁情绪,甚至有过激行为的可能。对此,学校需要充分关注留学生在毕业前夕的心理变化,及时提供心理疏导和帮扶支持。对于部分毕业后愿意在华就业的留学生,学校需要结合国家最新的就业政策,提供政策解读和就业指导。同时,为了巩固国情教育成果,学校应该持续开展国情教育活动,比如,学习和重温当代先进人物、在地光辉历史、学校大学精神等。作为留学生毕业授位的必要条件,学校须严格对标《规范》人才培养目标中关于留学生对于中国的认识和理解的要求,即"来华留学生应当熟悉中国历史、地理、社会、经济等中国国情和文化基本知识,了解中国政治制度和外交政策,理解中国社会主流价值观和公共道德观念,形成良好的法治观念和道德意识",确保达成培养"知华友华爱华"国际人才的育人目标。

1.3 毕业后

国情教育是贯穿留学生整个学习生命周期的育人活动,并不会随着学生的毕业而终止,而是以校友工作的形态得以延续。

打通校友育人渠道。做好留学生毕业后的信息跟踪工作，充分利用互联网新媒体，建立校友邮件列表、校友微信群等，搭建国际校友网络平台。组建海外校友会，完善校友会组织架构，聚合知华、友华、爱华的优秀校友，促进校友间的密切联系和交流。

固化校友育人节点。坚持校友联系常态化，在中外重大节日以线上和线下相结合的形式开展校友慰问祝福活动；在国家重大战略、外交事件的节点举办校友在线座谈、分享等活动；在地方和学校的重大时间节点（如周年校庆等），举办校友返校活动。此外，通过多种网络平台和社交渠道，推送校园信息，关注校友近况，持续增进校友对母校的感情，加深他们对中国文化的理解。

发挥校友育人价值。举办杰出校友论坛，邀请知名校友返校，与在校留学生共同分享在华留学经历。发挥校友平台在招生、就业、创业等方面的作用，为留学生创新创业和人才培养打造国际化、多层次、宽领域的良好平台。广泛吸纳各层次校友参与到国情教育活动中来，增强校友对母校的归属感，搭建母校与校友、校友之间、校友与在校生之间有效联络、互相交流、共谋发展的平台，利用其发展成就和社会关系反哺学校留学生国情教育体系，为推动构建人类命运共同体、培养更多"知华友华爱华"的国际人士做出更大贡献。

案例分享4

留学生创新人才培养模式：搭建相向而行桥梁　培养优秀法治人才

意义背景

2021年6月，习近平总书记给北京大学留学生回信时指出，读懂今天的中国，必须读懂中国共产党；主动了解中国国情和中国共产党历史，对了解中国的过去、现在、将来十分有益；把想法和体会介绍给更多的人，为促进各国人民民心相通发挥积极作用。由此可见，在百年未有之大变局与新时代大背景下，国际学生教育培养进入了提质增效的新时期,深入学习贯彻习近平新时代中国特色社会主义思想,开展留学生国情教育意义重大、影响深远。不仅能够进一步推动高校党建工作贯通国际化人才培养体系,树立国际化新理念,优化工作内容和方法,还能同时提高高校国际化办学质量和管理水平,构建党建工作创新机制,适应高等教育国际化发展。因此,强化党建引领,促进党建工作与来华留学事业深度融合,不失为创新来华留学生国情教育的有益尝试。

实施过程

2017年5月3日,习近平总书记考察中国政法大学并围绕全面依法治国、法治人才培养和青年成长成才发表重要讲话。近年来,中国政法大学把学习贯彻习近平新时代中国特色社会主义思想、习近平总书记重要讲话精神和重要回信精神作为目标导向,坚定不移做习近平法治思想的坚定信仰者、积极传播者和模范实践者,构筑覆盖面宽、实效性强的留学生国情教育体系。

国际教育学院作为全校国际学生归口管理单位,始终将立德树人根本任务贯穿来华留学教育管理始终,坚持党建引领,通过第二课堂、学生组织、实践教育等搭建相向而行桥梁,培养优秀法治人才。

一、党建引领第二课堂建设,聚焦提升立德树人实效

始终坚持把立德树人作为中心环节,把思想教育工作贯穿培养全过程,在第一课堂主渠道外,通过讲好中国故事,弘扬中国优秀传统文化,展现中国当下国情与社会发展,对学校留学生进行全员育人、全程育人、全方位育人,推动学校人才培养,助力学校国际化进程。

2018年起,通过线上翻转、线下沉浸相结合的方式,已举办15场线下文化体验,18期线上"泛语言沙龙",8次"中国概况"专题讲座,建立"以语言为基础,以文化为桥梁,以法学为特色"的全方位立体化留学生培养体系,进一步丰富国情教育课堂。2023年,先后5次赴全国爱国主义示范基地——中共党史展览馆、园博园和中国园林博物馆、卢沟桥、中央礼品文物管理中心、中国钱币博物馆等地方组织开展一系列主题活动,全方位、全过程、全景式地感受中国共产党波澜壮阔的百年历程,感悟中华文明史的隽永魅力,见证我国同建交国家之间的友好往来、深厚友谊、文化交流和文明互鉴,深刻领悟习近平外交思想的深邃真理力量和重大时代价值。

图3-9 实践国情教育课堂

二、加强学生干部队伍建设,充分发挥学生组织作用

高校学生干部是思想政治工作队伍中的重要组成部分,学生干部培养一直是高校育人工作中的重点任务。国际教育学院在学校党委领导下和校团委指导帮助下成立留学生自治组织——学生会,以自我服务、自我管理、自我监督的方式,实现留学生与国内学生之间、学生与学校之间的良性互动,是学校、学院与广大留学生紧密联系的桥梁与纽带。其下设体育部、文艺部、外宣部、学术部和内务部共五个部门,多年来已经形成了较为完善的体系与规模,其中学生干部作为骨干力量,协助留学生开展思想教育。多年的发展中已涌现出了一批精品活动,并为学院、学校、校内外机构等培养并输送了大批高质量人才。同时鼓励留学生积极加入校内各类学生组织,如校学生会、社团等,参与日常事务管理、统筹运行活动等。

三、创新共建教育实践基地，深化校企合作优势互补

近年来，深入学习领会习近平新时代中国特色社会主义思想，以党建促发展，积极探索拓宽"国际学生高质量创新发展"的新路径，赴多地访企拓岗推荐实习，建立法学教育实践基地，深化与实务部门的合作。先后在北京盈科律师事务所、深圳广和律师事务所和潮青会等知名律师事务所和社团设立国情教育和专业实习实践基地。承办国家留学基金管理委员会组织的"感知中国——体验当代法治中国"系列活动，与北京互联网法院、中国政法大学法庭科学技术鉴定研究所等共建法学教育实践基地，进一步提升留学生对于当代中国法治建设现状的了解，拓宽留学生国际视野，增进国际交流与合作，培养具有国际视野、通晓国际规则、参与国际事务、维护国家利益的涉外法治人才队伍。

图3-10 "感知中国——体验当代法治中国"活动参与者在北京互联网法院参访学习

实施效果 》》

近年来，中国政治大学留学生在各类比赛中获奖，涌现一批优秀学生代表，多个相关课题立项，多篇文章发表，在多个场合分享育人经验，留学生工作多次被主流媒体报道。

一、育人成果

中国政治大学留学生在全国各类比赛中斩获佳绩。2人在第十一届北京市大学生书法大赛中获奖;2人在"用中文讲述我最爱的电影"影评征集活动中获一等奖;1人受邀担任"北京·国际范儿"短视频大赛评委。同时,也涌现出一大批耕耘于各行各业的优秀学生代表。比如,2016届毕业生穆志龙,现供职于塔吉克斯坦驻华使馆任外交官/译员,曾参与《习近平谈治国理政》重大选题的相关译介工作,多次担任中塔两国最高元首和其他高级领导人的随身翻译。

图3-11　中国政法大学优秀校友塔吉克斯坦籍穆志龙

二、表彰及媒体报道

中国政法大学留学生工作受到广泛关注,得到多家主流媒体广泛报道。教师和学生代表应邀在"第58·59届中国高等教育博览会新时代国际学生高质量发展论坛"作大会发言;举办"新疆是个好地方"中国政法大学留学生专场视频交流会;受邀做客中国教育电视台《留学为你来》节目,讲述中国政法大学的国际教育故事,传递来华留学正能量。荣获2023国际中文日HSK短视频大赛参赛机构优秀组织奖。

总结反思

随着教育对外开放的不断深化,来华留学教育进入提质增效的内涵式发展阶段,加强留学生中国国情教育的重要性日益凸显。当前各高校重视挖掘校本特色和地域特色,在课堂学习之余积极组织留学生开展社会实践活动,到各个历史和文化地标进行参观,或是进行传统文化体验类活动,让其亲身感知中国国情,了解当代中国成功背后的历史文化积淀和价值观念,培养其理解中国思想、欣赏中国文化的情感。

但留学生国情教育中各要素是相互联系、密不可分的,仅仅满足于"感知—认同—传播"三段式国情教育实施体系的前两段是远远不够的。需要进一步在第一课堂主阵地外,活跃第二课堂,引导留学生积极参与校园文化活动,发挥专业实习实践基地的育人功能,通过"传播"让其展示或者讲述,使来华留学生成为讲好中国故事、传播好中国声音的重要力量。

2.来华留学生国情教育的空间轴

2.1 宏观层面的国情教育

对中国国情形成整体性和全局性的认知是留学生国情教育的核心和归宿。在各高校长期的育人实践中,逐渐形成了"第一课堂""第二课堂"同频共振、双向互动的国情教育模式,即以课堂教学为主渠道教育学生,以社会实践为依托锤炼学生。在第一课堂,"中国概况"作为面向来华留学学历生开设的一门中国国情理论课,内容涵盖地理、历史、政治、经济、文化、科技、教育等方面的内容,是留学生认识中国的重要阵地。在第二课堂,从国家、地方到高校积极组织各种社会实践与文化体验活动,建设各类各级来华留学生教育实践基地(包括专业实践基地),对引导留学生全面客观地了解中国现实国情、关注中国当下发展起到了很好的作用。

长期以来,国家层面一直非常重视留学生国情教育工作。42号令规定中文和"中国概况"是高等学历留学生的必修课,以中国概况课为基础逐步建立了留学生国情教育课程体系。胡清国、张雪（2020）提出，国情教育一般涵盖自然国情和人文国情这两个方面，自然国情指的是中国的地理、资源、人口等情况；人文国情则包括历史传统、政治体制、经济制度、社会习俗等内容。前者是一种显性的易于感受了解的国情，后者是隐性的需要感知、体验的文化内容。中国国情教育会对留学生的学习和生活产生影响，对他们的发展有着深远的意义，科学的中国国情教育会避免留学生对中国产生偏见和错误认知。因此，在内容选择和教学方法上，要注意教学对象的不同，面对来华留学生进行教学时需要注意文化自信、内容需求性、情景性、语言与文化结合、层次性以及跨文化交际这六种原则。

大多数高校除了汉语言教学之外，能够兼顾开设与中国文化、经济、历史等相关的课程，如普通进修生和汉语进修生的课程包括中国历史、武术、中国概况、太极拳、中国文化、书法、汉语言文字、中国文学、中国地理、中国戏曲欣赏等具有中国文化特色的课程。另外，还专门有面向留学生开设的专题讲座，如文化艺术类：中国习俗、戏曲欣赏、中国旅游文化、民乐赏析、中国书画欣赏、中医药、茶文化与饮食文化；社会科学类：中国哲学、中国宗教、中国美学、中国教育、中国社会、中国政治与法律；经济贸易类：中国经济概论、中国市场营销、中外合资企业管理等。留学生教育课程体系日趋完备。

中国国情教育第二课堂日益丰富。为了帮助留学生更好地了解中国国情，国家各个部门积极出谋划策，开展各种形式的国情教育，让留学生多维度体验中国国情。比如，为推动留学生国情教育走出课堂，留基委自2013年起开展"感知中国——中国政府奖学金生文化体验和社会实践活动"；为贯彻落实《国家中长期教育改革和发展规划纲要（2010—2020年）》精神，丰富留学生体育文化生活，教育部自2016年启动实施了"留动中国——在华留学生阳光运动文化之旅"活动；为促进国情教育中的中外学生协同育人，中国教育国际交流协会开展"知行中国——中外青年领袖计划"，共青团中央国际部开展"中外大学生社会实践活动周"；等等。

2.2 中观层面的地情教育

地情是具象的、鲜活的、身边的国情,地情教育是国情教育的重要组成部分。留学生国情教育需要结合当地历史、优势产业、特色文化充分挖掘本地特色和优势资源,建立"人无我有、人有我优"的区域育人品牌,走特色化、差异化发展道路。比如,重庆高校结合市内特有的陪都和抗战文化,安排来华留学生前往樊建川博物馆、北碚复旦大学校址等地方参观,让留学生跳出书本,在实践中接触到"活的文化";结合特有的乡村建设资源,带领留学生走进卢作孚纪念馆,走进乡村建设实验期间建立的"平民公园""民众会堂""民生医院""辖区图书馆""西部科学院"等建筑,感受穿越百年的乡建魅力。

在地域范围内,结合专业院校的特色学科,依托辖区内有影响的企业、学校、民主党派等单位,建立特色鲜明的留学生国情教育实践基地,覆盖学生专业实践、创新创业、文化传承等领域,实现区域内国情教育资源的整合与共享。

2.3 微观层面的校情教育

作为国情教育的一部分,学校校情教育也发挥着不可替代的育人作用。校史和校情构成国情教育的重要内容。中国大学生校史校情教育主要包括爱国主义教育、爱校教育、理想信念教育、革命传统教育和集体主义教育以及感恩担当教育等内容。对留学生的校史校情教育,因其身份的不同而产生不同的教育需求和价值导向。留学生在华学习期间,最重要的生活学习场所就是学校。因此,将校园文化、校史校情融入留学生国情教育,既是必要的,也是可行的。

开展校史校情教育。校史校情是一所学校在创建、发展过程中所有具体有形的(如学校的师生、环境、设施及其变迁、图文记载资料等)和抽象无形的(如办学理念、校风、学风、教育教学特色、社会各界评价等)总和,是一种独特的历史文化资源。这些内容在校园文化建设中具有传承、凝聚的作用。将校史校情融入来华留学生国情教育对提升学校国际化形象、提高来华留学生的适应能力、丰富校园文化内涵、加强中外大学生交流等均具有重要意义。为此,有必要打造一支专业化和国际化兼具的校史校情讲解队伍。可以面向学校外国语学院、新闻传媒学院、文学院、国际学院等单位挑选和培养一批专业教师或志愿者同学,作为来华留学校史校情讲解的中坚力量。留学生讲解校史校情具有天然的亲和力和意想不到的传播效果。当前,校史校情教育普遍存在认识不足、规划不够、队伍薄弱、内容泛化、形式单一等问题,导致育人效果没有达到预期。因此,有必要创新校史校情教育体系,构建校史校情教育新模式,真正做到寓教于乐,内化于心,外化于行。

实施安全法治教育。杨艳彦、姜辉(2020)认为平安留学是我国来华留学生国情教育的首要目标,保证来华留学生的安全才能维持校园的安全与稳定,有了安全稳定和谐的校园环境,才能打造更好的来华留学平台,培养更多"知华友华爱华"的留学生,更好地传播中华文化,讲好中国故事。因此,有必要开设实用性强的来华留学生法治教育通识课,开展有特色、富有成效的来华留学生法治教育,授课形式要多样化,采取多模态、多渠道的呈现形式。

为此,应该建立健全来华留学生安全与法治教育工作机制。一是严把入口关。强化招生审核,从源头上减少来华留学生犯罪风险。不仅要考察其学历背景、学术水平、语言能力、身份资格、经济能力,还应考察其入学前的身心健康情况、违法犯罪记录乃至家庭状况。二是加强新生入学安全法治宣传。将安全法治宣传列入新生入学教育的必备环节。既讲中国的法律法规,也讲学校的校纪校规;既可以请公安出入境的警官现场宣讲,也可以请在校留学生现身说法。针对留学生发生的违法违规行为(如非法就业、考试作弊),学校应及时召开警示会予以提醒警告。在节假日、寒暑假和重要敏感时间节点,学校应统一发布安全注意事项,确保学生人身和财产安全。三是强化处置突发事件的协调沟通机制。制定留学生突发事件应急处置预案(包括舆情处置预案),成立突发事件应急处置领导小组,明确成员分工和部门职责,加强预案演练和检验实战成效。四是建立学校、派出所和社区联动机制。当前,留学生校外住宿的现象比较普遍,学校应加强对这部分学生的教育管理和安全保障。首先,引导留学生租住管理规范、安全稳定的小区;其次,保持与派出所、社区的日常工作沟通,即时更新留学生外出租住信息；最后，定期与派出所民警、社区干部走访慰问留学生，帮助解决实际困难并确保在外租房安全。

推动心理育人工作。新时代来华留学工作已经进入高质量、内涵式发展阶段，留学生心理育人工作作为国情教育事业的重要组成部分，已然是深化高校"三全育人"理念落实落地的有效载体，也是提升留学生国情教育工作质量的重要手段。"三全育人"视域下的留学生心理育人不是一个单一的概念，它是一个多维的、立体的概念，应至少包含三重内涵：一是育人"目标"，即实现留学生心理和人格健康发展，培养身心健康、人格健全的"知华友华爱华"高素质国际人才。不管育人主体是谁、处在哪个育人阶段、在哪个场域空间，都要围绕这一目标。二是育人"内容"。育人内容是紧紧围绕育人目标而确立的。留学生心理育人内容需要坚持以学生为中心，把握留学生的心理发展需求，优化心理健康教育的内容供给，将心理健康教育的内容更多地与留学生的在华学习和生活实践紧密结合起来，把文化适应、校园生活适应、学习、交往、择业、情感、情绪管理、自我发展、价值选择等作为心理健康教育的重要内容。同时，将心理育人与文化育人相结合，加强人文关怀和心理疏导，聚焦于如何提升留学生在华学习和生活的幸福感，减少不适感。三是育人"载体"或"方法"，即通过心理健康教育的途径、方法或技术（如心理健康的相关课程、个体咨询和团体辅导）达到育人目的。

目前，高校来华留学生主要存在三个方面的心理问题。首先，因跨文化差异，导致的适应不良的心理问题。主要表现为"文化休克"带来的困惑和压力，产生孤独、焦虑等情绪，孤独和思乡是留学生新生较易产生的心理感受。其次，因学业压力而导致的心理问题。主要表现为语言障碍[在以往的调查研究中，留学生公认在中国学习面临的最大挑战是语言障碍（吴春梅等，2018）]、教育体制不同、课程难度等带来的心理问题。最后，因个体差异而导致的心理问题。主要表现为人际关系过于敏感，如各类神经症、人格障碍及精神障碍等。（乔翠芳，2019；高炳亮，2018）针对留学生的上述心理问题，以及留学生心理健康教育工作面临的挑战，学界提出两点建议。首先，学界大部分学者都认同"预防为主，防治结合"是解决留学生心理健康教育的理想模式（高炳亮，2018；乔翠芳，2019；丁秋菊、刘鹏丽,2020)。比如,做好留学生心理健康筛查工作,建立招生、入学后的心理筛查机制等。其次,高校应建立专业的留学生心理问题解决机制。比如,高校可以招聘专职留学生心理咨询师,组建专业的留学生心理健康咨询队伍及留学生专用心理咨询室等。

纵观留学生心理健康方面的研究,以往比较侧重于"心理"层面的教育,比如,经常提到的心理健康教育、心理疏导、心理辅导、心理咨询、心理治疗等微观层面,没有从"三全育人"视域树立留学生大健康观以及建构系统化的高校留学生心理育人工作格局。"三全育人"视域下来华留学生心理育人工作格局的建立应解决两方面的问题。一方面,从个体层面着眼解决留学生的病理性心理健康问题和具有潜在病理性倾向的心理障碍问题。另一方面,注重留学生群体层面的、非病理性的心态建设行动,着眼解决留学生的思想认知问题,在接受心理健康教育的同时了解、理解中国国情,在接受中国国情教育的同时也促进其心理、人格健康发展。因此,以"三全育人"为遵循研究来华留学生心理育人工作格局的构建是留学生国情教育的题中之义。

推进创新创业教育和就业指导工作。高校作为留学生创新创业教育的重要基地,开展创新创业教育是大势所趋。目前留学生创新创业教育存在着组织机构不明确、认识不到位、体系不完善、实践机会少、语言与文化障碍等问题。为此,需要更新教育理念,营造留学生创新创业教育氛围。高校要顺应新时代和中国高等教育发展需要,积极主动更新教育理念,将创新创业教育纳入来华留学生人才培养体系,逐步实现中外学生创新创业教育趋同化,打造独具特色的留学生创新创业教育。一是创新课程体系,丰富留学生创新创业教育内涵,促进留学生创新创业能力发展。二是明确目标,留学生创新创业课程的设置应围绕培养创新精神和能力,并与专业教育有机融合,将创新创业理念融入专业课程教学。三是强化实践,将课程内容与社会实践环节有机结合,建立校企合作培养人才模式。同时,融入本土化教育元素,建设具有地方特色的课程,依托当地创业氛围,向留学生传递创业精神,为日后服务本国经济发展奠定基础,培养既能就业又能创业的复合型、实用型、国际化人才。四是优化师资队伍,保障留学生创新创业教育质量。杨艳彦、姜辉(2020)认为,强有力的创新创业师资队伍是留学生创新创业教育的关键。首先,建立"一课多人"的教学模式,即由专业老师+商科教师+企业高层共同参与创新创业教育课程教学,提供从理论到实践层面的全面、全程指导。其次,加强师资的培养和提升,定期组织教师参加创新创业教育论坛和培训,深入企业锻炼,促进教学内容改革,增强教学内容的实用性。最后,注重导师队伍构建,建立一支有留学生生源国家的企业家、跨国公司企业家和本地企业家参与的导师队伍,担任兼职教师或客座教授,通过授课、讲座、指导(论文、技术)等形式,增强留学生对创新创业专业知识的运用能力和实践能力。

学校应重视来华留学生的就业指导服务工作,为留学生提供可靠的求职信息、渠道和途径。加强校企合作,安排各种教学实践、企业参观访问。同时,学校应为留学生开设职业生涯规划课程、团体辅导、求职技巧、修改简历等服务,并提供双语的职业生涯咨询师。学校还应该为留学生提供中国国情文化、人情世故、待人接物等方面的指导,避免留学生因文化冲突造成求职失败。

深化奖励资助教育。我国来华留学奖学金一般分为四大类。一是中国政府奖学金(包括中国政府奖学金和国际中文教师奖学金):由中国政府出资,留基委和语言合作中心负责管理,主要资助在华学习的高层次留学生。二是地方政府奖学金:由地方政府出资设立,主要用于吸引外国留学生来本地求学。比如,重庆市人民政府来华留学生市长奖学金,由重庆市人民政府出资设立,为来自重庆市国际友好城市(含国际友好合作关系城市)的外国学生设立奖学金。三是学校奖学金:由学校出资设立的专项奖学金,用于吸引海外优质生源和奖励在校表现优异、学习成绩良好的外国留学生。学校奖学金是对政府奖学金的有益补充,可以对留学生的学习和生活起到激励作用。四是企业或合作科研机构奖学金:由企业冠名设立的专项奖学金,将留学生招收与本地的大型企事业单位、跨国企业紧密联系起来,实现"学校—学生—企业"的多赢格局。为校友与中国企业建立经贸往来、为中国企业走出去进行属地化经营提供大批优秀人力资源,为"一带一路"建设提供智力支持。

奖学金的评定标准是奖学金体系设计的核心所在,直接决定着奖学金的导向作用。学校要注重奖学金的激励和价值导向作用,严格把握奖学金资助对象的学业、品行要求,建立定期评审和动态调整机制。从我国大部分高校留学生奖学金评价指标来看,学业学术、志愿服务、社会工作的表现以及品行是最为重要的四个指标,且学业学术表现在其中占据关键地位,这与中国学生参评奖学金的评价标准大体一致。如何让奖学金评定与留学生国情教育有机结合,更多体现学校育人方面的要求,有以下两点建议。

第一,强化奖学金授予资格审查。在招生阶段,新生奖学金评定时,需要强化宣传引领,秉持"立标杆、重育人"的理念,着重宣传留学生在学习科研中表现出的创新意识、批判思维,在朋辈教育中传递的积极精神力量。同时,将留学生的道德品行考核放在奖学金评定的首要位置,通过其辅导员、导师、同学、社交媒体等多个渠道全面了解该生的品行表现,尤其是在知华、友华以及对中国大政方针、国际外交理念认同度等方面的态度,对于发表不当言论、做出不当行为的留学生,要坚决拒绝授予奖学金,确保获奖对象观念正、品德优、素质高,为入境后的教育管理把好第一关。

第二,用好评优评先指挥棒。为了激励、表彰各方面表现优秀的在读留学生(包括奖学金生和自费生),选树一批对华友好的先进典型,学校可以开展各类评优评先活动,授予优秀来华留学生、优秀来华留学毕业生等称号,并通过各种方式进行宣传报道,发挥榜样的示范引领作用。学校可以通过评优评先标准的制定,引导留学生既要重视专业学习,又要积极投身有关国情教育的活动。同时,可以采取积分制的方式量化留学生在国情教育活动中的表现,让评优评先的结果更科学、更透明、更合理。比如,鼓励留学生参与校内外各类文化体验、比赛和社会实践活动(包括"汉语桥"、中华经典诵读比赛、全国互联网＋国际学生创新创业比赛、"感知中国"等)。

留学生资助方式主要是勤工助学。勤工助学是指学生在学校的组织下利用课余时间,通过劳动取得合法报酬,用于改善学习和生活条件的实践活动。留学生学习期间,在学校统一组织和管理下,结合自身实际,力所能及地参与到校内管理服务和校外工作中。高校应根据《高等学校国际学生勤工助学管理办法》，结合本地和本校实际情况，制定来华留学生勤工助学管理规定。勤工助学是留学生参加社会实践、了解社会的有效方式，一方面，通过工作劳动取得合法收入，改善自身学习生活条件，缓解家庭经济压力，是"经济资助"的充分体现；另一方面，学生参与勤工助学岗位，在劳动中实现个人的自立自强，是精神和心理上"发展成长"的重要标志。因此，勤工助学是高校实践育人、资助育人的有效载体，通过向留学生提供助学岗位，培养受助学生自立自强、诚实守信、知恩感恩、勇于担当的品德。

案例分享5

院训院徽的育人价值：求真知 谋大同

意义背景

院训院徽是学院精神的外在表现形式，是学院文化的重要组成部分，更是学院办学核心价值的体现，对师生的思想观念和行为规范具有深远的指导意义。

党的二十大报告提出，推进文化自信自强，建设社会主义文化强国。作为来华留学生归口管理单位，如何通过教学、管理、服务，在与来华留学生的互动中，讲好中国故事、传播好中国声音，展现可信、可爱、可敬的中国形象，推动中华文化更好地走向世界，是我们探索和思考的方向。西南大学国际学院从学校70余年来华留教育管理工作经验中，凝练总结出代表国际学院办学理念、办学精神、团结引领中外师生的精神符号，达到以文化人、以文育人的目的。

实施过程

自2013年独立运行以来，国际学院曾于2014年和2021年两次面向全校师生及社会公众征集院训院徽。全校教师、中外学生、校友及社会各界人士热烈响应、广泛参与。期间共收到院训60余条，院徽设计20余稿。经过全院上下集思广益,专家层层筛选、严格把关,最终于2021年11月淬炼出了"求真知 谋大同"的院训,遴选出了代表学院形象的院徽。

"求真知 谋大同"的院训,是全院集体智慧的结晶,由学校文学院书法家曹健教授手书,宁波诺丁汉大学教育学院著名多语教育学家Anwei Feng教授将其英译为:"Seeking Truth, Embracing Diversity",言简意赅,含义隽永。

大道之行,天下为公!秦汉时期的儒家学者在《礼记·礼运》中,借孔子之口,提出了"大同"和"小康"两种理想社会形态,为后世描绘了古代圣贤心目中的乌托邦。冯友兰先生在西南联大纪念碑文中提出:"同无妨异,异不害同;五色交辉,相得益彰;八音合奏,终和且平。"建党百年之际,习近平总书记指出:"我们所做的一切都是为人民谋幸福,为民族谋复兴,为世界谋大同。"这充分体现了我党团结带领全国人民日益走向世界舞台中央的视野和担当。

中、英文院训不仅体现了世界各国文化互相浸润涵化,形成"你中有我、我中有你"的文化交融关系,也表达了学校诚挚欢迎各国学子来华学知识、求真理的愿望,更传达了师长们的希冀:无论中国学生还是国际学生,从西南大学毕业后,都要肩负起为世界谋大同的神圣使命,为构建人类命运共同体而不懈努力。

求真知 谋大同
Seeking Truth Embracing Diversity

图3-12　中英文对照的院训

国际学院院徽的设计理念是:院徽呈圆形,由"国际学院"英文缩写"IC"、凤凰、盾牌、层叠的书页、地球、经纬线、橄榄枝等多种元素共同构成。盾牌不仅象征着权威教育机构,更代表着庄重、荣耀、高贵与典雅,彰显出刚强、团结合作与蓬勃进取的精神品格。展翅高飞的凤凰与层叠的书页融为一体,寓意着国际学院百折不挠、奋发图强的时代精神。盾牌的底部为地球与经纬线的结合,突出了国际学院"国际范"的办学特色。院徽两侧的橄榄枝,寓意多元文化和谐共存、和平共处,孕育生机与活力。院徽整体造型饱满,富于动感,充满了勃发的生机和催人奋进的感觉,极具视觉冲击力。

图3-13　西南大学国际学院院徽

2021年12月9日下午,国际学院通过现场展示、专题讲座和实地考察的方式隆重举办学院文化建设成果展,会上揭幕了国际学院院训和院徽。

图3-14　揭幕院训院徽

活动现场展示了学院中外师生代表书写院训的书法作品。他们用笔墨挥洒对学院的热爱,用字里行间的线条与架构表达"真知"与"大同"的深刻内涵。泰国孔敬大学孔子学院中方院长耿军,采用视频的形式展示自己"求真知,谋大同"的书法作品,倡导莘莘学子孜孜追求真知,参与构建人类命运共同体;学院汉语国际教育专业中国研究生朱春亭和印度尼西亚籍留学生刘文才分别展示"求真知,谋大同"小篆作品和行书作品,不同国度的师生用不同的字体表达对院训的热爱与认同,体现国际学院"海纳百川,有容乃大"的教育理念。赞比亚籍留学生、原创音乐人 Gift 现场献唱原创主题曲 Seeking The Truth,唱道"不管你来自哪里,不论你的肤色如何,让我们为美丽的世界构建一个共同的家园"。

活动现场以"'真知''大同'谈"为主题举办"缙云知华"大讲坛第七期专家讲座,帮助中外学子理解院训背后的深刻内涵。从庄子的"道家哲学"到孔子的"儒家思想",国际学院邱睿副教授强调"欲求真知,先做真人""君子之交,求同存异"。学院院训以中华历史文化为底蕴,秉持开放包容的心态,体现了"美美与共"的跨文化交际的美好愿景。

实施效果

该活动深刻把握习近平总书记给北京大学和北京科技大学留学生的回信精神,牢固树立人类命运共同体意识,切实深化"留学西大"品牌内涵建设,不断凝聚中外师生合力,奋力开创学校来华留学工作新局面,助力人类命运共同体构建,见证和彰显学院文化育人的价值。

"文明因交流而精彩,文化因互鉴而丰富。"学院中外学子纷纷分享学习体会,追求"真知"的心灵,追寻"大同"的方向,用包容开放的心态拥抱多元世界,用厚德载物的理念呼应时代潮流。

揭幕活动结束后,学院进一步利用院训院徽对国际学院办学环境进行升级改造,在紫云楼前设置以院训院徽为内容的亚克力落地雕塑,在楼层入口制作印有院训院徽的墙体装饰。用院训院徽装饰的国际学院荣誉墙,成为国际学院中外师生拍照、拍视频的网红"打卡地"。同时,学院还制作了印有院训院徽标志的文化衫、帆布包、笔记本、U盘等外宣文化用品,用于学生活动、会议交流等场合,将国际学院的文化价值传递给更多人。

总结反思

国际学院院训院徽的征集、发布和推广是一次意义深远的文化育人尝试。通过面向中外师生、海外校友及社会各界人士征集院训院徽,引导和带动大家积极思考、探索学院的办学宗旨和核心价值观。通过举办文化建设成果展,充分展现了学院兼收并蓄的精神风貌,凝聚了全院师生踔厉奋发的精神力量。留学生们纷纷表示,通过院训院徽征集、发布活动和领取到的印有院训院徽标识的文化衫、帆布包等文化用品,体会到中国文化博大精深的精神内核,看到学校为来华留学生提供的开放包容、追求真理、彰显个性的学习生活环境,充分认同"求真知,谋大同"的院训,希望能在这样的环境里完成学业,成为具有国际竞争力的人才,积极助力人类命运共同体的建设。

案例分享6 ▶

"贯通式"留学生心理育人:"育心"又"育人"

意义背景 >>>

在中国特色社会主义新时代背景下,来华留学事业进入了提质增效的发展阶段,教育部明确要求来华留学发展要坚持"质量第一,严格规范管理,走内涵式发展道路"。2018年《来华留学生高等教育质量规范(试行)》(教外〔2018〕50号)出台,明确要求高等学校应当为来华留学生提供基本医疗服务和心理咨询服务。而当前的实际情况是:部分高校风险防范意识不强,不够重视或者不知道如何开展留学生心理健康教育,校内相关体制机制等保障措施缺乏,教育形式比较单一,人员配备相对薄弱,难以满足新时代对来华留学教育"提质增效"的要求。

近年来,西南大学大力推进构建"贯通式"心理育人体系,贯通"校院家医"组织体系,贯通专业心理服务与日常教育帮扶路径,贯通课程教学与实践活动渠道,贯通线上与线下平台。学校心理健康教育与服务中心牵头进行了一系列"贯通式"心理育人的成功尝试,相关实践探索入选重庆高校思想政治教育"十大育人"精品项目,教育部思政工作简报单篇报道了相关经验做法。

为了建立留学生心理健康教育与服务工作的联动机制,打造有学校特色乃至有区域特色的中外学生心理健康教育与服务品牌,国际学院牵头,联合学校大学生心理健康教育与服务中心和心理学部进行了有益探索,并取得了初步成果。

实施过程

2020年10月,国际学院前往学校心理健康教育与服务中心调研。同年11月,经双方推动促成,全体在册留学生信息首次进入学校"贯通式"心理育人智慧平台,留学生得以和全校中国学生同样享有在线预约心理咨询、团辅活动的便利;各方在处置留学生心理危机的全过程得以有效记录,规避了因教育记录缺失或不规范而被追责的风险;心理危机学生的处置权责由留学生专职辅导员为主的单极模式,向"心理健康教育与服务中心—国际学院—培养单位"的多级模式转变。

图3-15 项目负责人在第二届来华留学生心理健康预警及心理疏导暨心理疏导师(初级)培训班上做留学生心理育人经验分享

一、积极推进留学生深度融入学校"贯通式心理育人平台",促进中外学生心理育人工作的全面趋同

1.贯通"国际学院、心理健康教育与服务中心、二级培养单位、医院"组织体系,强化一体协同。(1)构建"国际学院+"四维协同工作机制。构建"国际学院+

中心""国际学院+职能部门""国际学院+二级培养单位""国际学院+医院"四维协同工作机制。(2)建强"专兼一体"专业化队伍。建立一支涵盖专兼职咨询师、心理辅导员、校内外指导专家在内的专业心理育人队伍。同时强化业务培训与专业指导,比如,组织相关人员积极参加来华留学生心理健康培训等,不断提高心理健康教育队伍专业化水平。

图3-16 孙辰老师给班主任和辅导员
做"大学生心理危机的识别与干预"主题讲座

2.贯通专业心理服务与日常教育帮扶路径,强化综合施策。(1)健全留学生心理健康筛查与反馈机制。每年定期为留学生开展心理普测,对筛查出的重点学生开展一对一约谈和专题团体辅导,建立心理档案,发布留学生心理健康状况报告。(2)做实常态化心理咨询服务。对于中文较好的留学生,可利用学校心理健康教育与服务中心开通的24小时心理热线,实现学生即时即地咨询预约和危机求助;对于中文较差或不会中文的留学生,学校现聘有提供全英文心理咨询服务的老师,可切实为学生提供优质个体英文心理咨询。(3)综合施策,注重日常帮扶。针对心理危机学生,坚持综合施策,坚持多维联动,百分百建立"一生一策"。注重回到平常的日常学习和生活,把解决学生的心理问题与解决思想、情感、学业、生活等问题相结合。

图3-17 留学生开展团体心理辅导活动

3.贯通课程教学与实践活动渠道,强化显隐并举。(1)尝试推进专业课程教育与实践教育交融渗透。学校正尝试针对部分留学生开设心理健康教育专门用途汉语通识课程,初步调查显示留学生普遍感到学习心理健康教育专门用途汉语通识课程有助于改善他们的心理健康状态,使他们能够平稳地度过跨文化适应过程中的挫折期,更好地适应中国的环境。(2)强化实践活动的隐性涵育。将心理健康教育与国情教育活动、美育活动、文艺活动、体育活动、劳动教育活动相结合,开展"感知中国""素质拓展"等团体活动,培养留学生积极情感和健康心态。(3)发挥强身对健心的支撑作用。健康体魄与健康心理相互形塑,将强身纳入"大心理"健康教育格局,切实推进学生身心协调发展。学校每年开展两次面向全校师生的大型运动会,同时国际学院也会针对留学生开展趣味性更高、参与性更强的师生趣味运动会。这些运动会不仅可以丰富校留学生的课余活动,增加留学生之间的交流,还可以缓解留学生群体的紧张焦虑情绪。

图3-18　西南大学留学生参加学校第十八届大学生心理健康节

4.贯通线上与线下平台,强化智慧联动。(1)打造硬件平台。目前学校心理健康教育和服务中心的各种硬件设施基本完善,可以为学生提供全方位的心理体验与活动场所。同时,国际学院也专门针对中文较差或不会中文的留学生打造了宽敞、温馨的全英文心理咨询室。(2)留学生信息融入线上智慧平台——"贯通式"心理育人智慧平台,留学生得以和全校中国学生同样享有在线预约心理咨询、团辅活动的便利。(3)用好微信公众号平台。推送心理健康知识、心理自助贴士、在线心理教育资源等,营造线上线下、课内课外相结合的全方位育人氛围。

二、全英文心理咨询服务建设，全覆盖无死角地开展心理育人工作

1.建立留学生阳光心灵驿站。留学生阳光心灵驿站是西南大学面向全校留学生建设的全英文心理咨询室，是开展心理健康教育工作的重要场所，主要是提供一些心理咨询和心理指导服务，意在帮助学生疏导心理压力，解决心理问题，预防和干预恶性事件的发生，以此来提高学生的心理素质，培养学生乐观向上的心理品质，帮助他们发掘潜能，完善人格，促进学生身心健康、全面发展。该心理咨询室在学校留学生心理育人工作中有三大功能：心理测评和咨询、成长关键期心理辅导、开展心理健康教育活动。

图3-19　留学生阳光心灵驿站内部陈设

2.建设留学生专职心理咨询队伍。利用学校心理学部专业优势，由具有心理专业背景及具有心理咨询师职业资格证书的实习生(心理学部博士或硕士生)担任兼职心理咨询教师，定期开展心理状况筛查，积极构建心理预警系统，对重点关注对象做到底数清、情况明、联系准，实现对心理危机事件的积极预防、主动预警和及时干预。同时，学校从留学生骨干中挑选了一批人际沟通能力强、个性活泼开朗、善于交流，并且爱好从事心理健康工作的心理学部留学生，成立了西南大学"洋"(阳)光使者团。并对他们进行心理常识、心理咨询、团体心理辅导等

相关心理知识的培训，使他们成为心理健康学生干部队伍，常态化开展心理异常行为关注、情感压力疏解、心理健康教育活动组织等工作。

实施效果

心理育人实践的意义在于，通过提高留学生的心理素质和自我管理能力，帮助他们更好地适应中国的生活和学习环境，促进他们的成长和发展。通过调查，西南大学留学生对国际学院专职留学生辅导员平均满意度达93%，2018年至今，未发生涉及留学生的负面舆情、安全责任事故。具体而言，经过不懈努力，西南大学留学生心理育人实践基本达到以下育人目标：

1.促进了留学生的心理健康。留学生由于语言、文化等方面的差异，常常会出现适应困难、孤独、焦虑等问题。心理育人实践帮助他们了解自己的心理状况，有效地缓解焦虑和压力，提高心理抗压能力。经统计，学校近几年留学生心理安全形势稳定向好，未发生因心理失衡导致学生伤害的事故。

2.增强了留学生的自我管理能力。在异国他乡学习生活，留学生需要学会自我调节、管理时间和情绪。心理育人实践帮助他们建立正确的心理态度和价值观，提高自我认知和自我管理能力。随着留学生数量显著增加，学校留学生会及留学生国别分会在加强留学生的自我管理与服务方面作出了积极贡献。

3.提高了留学生的学习成绩。留学生在学习中常常面临语言障碍、文化差异等问题，影响学习成绩。心理育人实践通过提高留学生的学习动机、学习策略和学习效率，帮助他们取得更好的学习成绩。

总结反思

目前西南大学留学生的心理健康教育工作得以全面融入学校的心理健康教育体系，学校、国际学院、培养单位三方的权责得以明晰，管理队伍能力建设得以加强。但留学生心理健康教育工作仍面临着以下困境：一是学校心理健康教育体系尚不能完全兼容留学生，比如，预约平台、评测问卷、心理咨询、团辅服务对中文欠佳的留学生可及度不高，相关资源的完善需要一定的建设周期。二是教育主体依然来自学校,家庭和社会支持相对不足。同时,以上实践更侧重于对留学生"心理"层面的教育,比如,常提到的心理健康教育、心理疏导、心理辅导、心理咨询、心理治疗等微观层面,尚未从"三全育人"视域树立留学生大健康观以及建构系统化的高校留学生心理育人工作格局。

学校后期留学生心理育人工作重点将紧紧围绕"三全育人"理念,结合学校留学生心理育人工作实际,尝试解决两方面问题:一是从个体层面着眼解决留学生的病理性心理健康问题和具有潜在病理性倾向的心理障碍问题;二是注重留学生群体层面的、非病理性的心态建设行动,着眼解决留学生的思想认知问题,在接受心理健康教育的同时了解、理解中国国情,在接受中国国情教育的同时促进其心理、人格健康协调发展。

第三节
来华留学生国情教育的场域空间

场域理论是由布迪厄提出的社会学领域概念,是指各种位置之间存在的客观关系的一个网络,或一个构型。与空间概念的不同之处在于:一是关系性,场域理论更强调社会宇宙中不同位置之间的关系;二是斗争性,贯穿于社会关系中的力量对比及其实际的紧张状态作为一个"争夺的空间","场域"各个位置上的占据者相互斗争的目的是维持或变更场域;三是动态性,场域论是一个动态概念,因为场域中不同位置之间的关系性及其斗争性,使得整个场域充满生命力、生成性和不断再生产性,斗争中反复交织着行动者间合作、支配与反抗等活动。

"三全育人"视域下的来华留学生国情教育场域空间是由教育者、受教育者、参加者、教育环境、教育载体、教育方法及其相互作用等构成的一定的关系网络。各种客观关系资源和多方主体的参与,形成了来华留学教育的现实场域。同时,随着互联网、大数据、云计算、人工智能、区块链等技术的发展,来华留学生的国情教育场域突破了传统的边界,形成了以各类新媒体和社交网络为代表的虚拟场域。来华留学教育的现实场域空间可划分为校内和校外,校内场域包括课堂、宿舍和校园文化建设,校外场域主要包括社区和社会实践基地。而虚拟场域则主要指以微信公众号、学校网站、国际学生管理服务平台、微信群、脸书(FACEBOOK)、推特(TWITTER)、油管(YOUTUBE)等为代表的网络阵地。

1.校内现实场域

1.1 课堂

课程是学校教育的核心,是学校所有教育教学活动的总和,留学生国情教育的目标与价值要通过课程来实现。从课程的起源来看,西方"课程"一词是从拉丁语"Currere"一词延伸出来的,它的名词形式意为"跑道",而它的动词形式则意指"奔跑"。因而,课程也叫"路程"或者"学程"。

那课堂与课程又是什么关系呢？课堂是学校教学的核心,是学校育人的主渠道。一般来说,课堂是指学校规定的一定学时的教学课堂(还有生活大课堂)。据统计,学生一天的学校生活80%以上是在课堂度过的,课堂就是教学的代名词。

美国课程学者泰勒等人用三个隐喻说明课程与教学(课堂)的关系:课程若是建筑图纸,教学就是具体的施工;课程若是一场球赛的方案,教学就是球赛的过程;课程若是一个乐谱,教学就是作品的演奏。这三个隐喻形象揭示了教学(课堂)是课程实施的渠道和载体,课程目标必须依赖于教学(课堂)这一载体才能实现。

对于来华留学生而言,在培养方案的课程体系中贯穿中国国情元素,可以助力留学生知华、友华的培养目标的达成,是开展来华留学生思想教育的可行路径,是当前来华留学生课程思政的关键着眼点。

1.1.1 来华留学生中国国情教育课程建设的时代紧迫性

2021年7月教育部国际合作与交流司(港澳台办公室)发布不断加强来华留学生国情教育的指示。指示要求:来华留学生培养单位要不断加强来华留学生国情教育,进一步推进来华留学生国情教育体系建设,对标42号令和《规范》,推动来华留学生国情教育课程、教材、教学方法的改革创新,继续支持来华留学生国情教育精品课程和英文课程建设,对优质课程进行推广和在线共享。

来华留学生中国国情教育课程是实现讲好中国故事、让世界了解中国、培养人类命运共同体建设者的重要途径,也是加强中国在世界话语体系地位的重要举措,从而最终为构建人类命运共同体,推进世界和平发展贡献中国智慧和中国力量;然而,由于文化背景、宗教背景以及经历的不同,留学生对中国的理解也各不相同,加之一些国外媒体的不实报道,部分留学生对当今中国的了解较为零散、肤浅、片面,有些甚至是错误的。因此,作为中国特色社会主义高等教育人才培养的重要方面,建设好来华留学生中国国情教育课程意义重大且迫在眉睫。

1.1.2 来华留学生中国国情教育课程建设现状

第一,从教材使用和课程建设的视角出发,目前存在教材不统一、内容陈旧、教学目标不一致,以及教学手段单一、教学模式固化等问题。具体来说,一是由于各高校使用的国情教育类教材种类繁多、教师教学方法不同、留学生语言能力参差不齐等原因,导致留学生国情教育的目标存在不一致、不明确、不完整等问题。各类教材中的内容侧重不同,加之授课教师对部分内容具有因人而异的倾向性讲解,导致留学生在同一个话题上的理解广度和深度存在明显差异。部分高校的国情教育类教学内容局限于中国传统/经典文化的讲授上,当代中国生活、当代中国发展道路/模式的内容和在地区域文化内容部分有所欠缺,没有形成一个完整的国情教育教学目标,这也是各高校各自为战以及受部分教材局限的结果。二是在国情教育类课程活动的具体实施上,各高校主要以课堂讲授为主。留学生对绝大部分中国国情及文化的感知和理解发生在教室中,即所谓"第一课堂"。然而国情教育恰恰要求留学生要更多地设身处地、身临其境地体验文化实体和环境,更多地参与到普通百姓生活中来。目前,只有部分高校为留学生提供开展课外体验国情文化活动,尤其是具有地域特色相关活动的机会。

第二,从师资队伍建设的视角出发,目前国情教育任课教师存在政治素质参差不齐、对课程育人认识不到位、教学科研能力不够强、数量相对不足(尤其是全英文授课教师)、学科背景单一、正高职称人数偏少等问题,队伍建设缺乏规划、经费、培训、考核、激励等制度性保障措施。多数高校缺乏遴选国情教育课程教师的标准和考核奖励制度,对教师政治素质(尤其是意识形态)要求没有严格落实,对课程育人的办法和举措不多,日常教研和专题培训的机制尚未建立。担任国情教育类课程的授课教师多以文学、教育学等相关专业为主,教师本身对中国国情及传统文化的理解也存在不足,甚至偏差。在全英文课程建设方面,只有少数高校开设了全英文的"中国概况",而在具体教学中,受教师英文水平限制,也很难达成与中文授课相一致的教学效果。

1.1.3 构建来华留学生中国国情教育课程体系

第一,整体优化留学生课程体系与教学内容,强化留学生国情课程育人体系建设,聚合"中国类"课程的教育内容,开展协同创新国情教育课程尝试,探索留学生国情教育的课程体系。

以"中国类"作为共同主题,将来华留学的多门课程统整在一起,建立聚合课程群。构建以"中国概况"为通识基础课程,符合留学生特征的中国国情教育平台课程,即将"中国概况"中有关中国基本国情、优秀传统文化、新时代中国特色社会主义建设成果等作为基本内容,积极创设与"中国概况"相关的新课程;将那些经受时间和实践检验、深受留学生喜爱的课程进行提炼,发展成为国情教育平台的核心课程,并固化为留学生"国情教育"的必修课。在此理念基础上,形成"中国概况"+"中华文化概论"+"中国人文与法律"+"中国武术"+"中国书法"+

"理解当代中国"等国情教育系列课程。未来,还将进一步探索国情教育的智慧教学,建设智慧教室、录制在线课程、制作自主学习资源包等,打造线上线下,境内境外融通的便捷课程学习通道。

第二,以内容聚合建设中国国情教育跨学科课程。将中国国情教育融入汉语语言技能课、专业课等课程,搭建留学生国情教育课程平台,从各自学科视角开展教学活动,形成协同育人模式。构建国情教育文化课程、学科基础课程、专业教育课程等有机相融的留学生国情教育课程体系,重视语言课程、文化课程和专业理论课程相互渗透融合。充分挖掘学科基础课和专业教育课程中的国情教育育人元素,让留学生在学习知识的基础上了解中国,并进一步理解与认同中国特色社会主义道路、理论、制度、文化,从而做到"知华友华",最终达到"爱华"的育人目标。

1.2 宿舍

留学生宿舍是来华留学生学习生活的重要场所,也是开展国情教育和育人的"第二课堂"。目前大部分高校的留学生宿舍都是采取留学生集中管理、单独住宿的模式,住宿的硬件条件普遍较好。但是这么多来自不同文化、背景,且拥有不同宗教信仰、价值取向和生活习惯的留学生居住在同一个空间里,管理难度极大,常出现由于文化差异和留学生纪律意识淡薄等原因,导致晚归和夜不归宿、从事非法宗教活动、聚会扰民、拖欠水电费等问题。同时,留学生宿舍长期存在重管理轻育人的倾向,出现问题往往以"堵"为主,不重视"疏"。对大部分高校来说,长期在留学生宿舍与留学生接触的主要是后勤管理服务人员,他们主要负责留学生宿舍的物业管理和安全管理。因为受限于自身的素质和能力,他们往往很难有效开展育人工作。而辅导员、班主任、导师、留学生管理人员以及学生组织等育人力量下沉不够,未能形成育人合力,管理育人、服务育人、文化育人、网络育人、心理育人没有充分彰显。

2020年,教育部等八部门联合发布《关于加快构建高校思想政治工作体系的意见》,在"管理服体系"部分中明确提到要推动"一站式"学生社区建设,将园区打造成为集学生思想教育、师生交流、文化活动、生活服务于一体的教育生活园地。这给留学生宿舍的建设和管理提供了新的思路和抓手。

第一,突出中国文化和国情教育的环境氛围营造。留学生宿舍作为以留学生为主体的环境空间,宿舍文化环境的打造能产生潜移默化的影响,达到启智润心的目的。要形成以我为主、兼收并蓄的文化建设特点,既要展示中国文化的特色,也要包含世界各国文化的元素。同时,应对宿舍文化建设进行动态调整,突出时事性,展现出与时俱进的特点。

第二,健全落实管理机制体制。目前大部分高校都有较为健全的留学生宿舍管理制度,但执行力和落实情况差强人意,留学生在宿舍的行为表现与评优评先、奖学金评审、签证申请等关联性不够。因此,加强各种制度一体化建设,提高制度的科学性、权威性、连续性和执行力,是保障留学生宿舍安全稳定、规范留学生行为和开展文化建设的前提。同时,注重运用大数据、5G、人工智能、IoT等技术,做好人员匹配,梳理业务归属和流程,让信息多跑路,让学生少跑路。另外,充分利用信息化技术堵住安全稳定问题的漏洞,精准掌握留学生学习生活和作息规律的特点,为来华留学教育管理工作提质增效提供更加科学有效的依据。

第三,整合育人力量和资源。首先,开展留学生辅导员日常"三基工作",建立留学生辅导员入驻留学生宿舍制度。其次,安排留学生管理人员、班主任、心理健康教育教师等育人力量下沉到宿舍。同时,充分发挥留学生会的育人主体作用,鼓励和支持留学生实行自我教育、自我管理、自我服务、自我监督。另外,发挥中国学生组织和社团的作用,在宿舍开展形式多样、内容丰富的中外学生文化交流活动,营造出中外学生交流融合的文化氛围。

第四,打造育人平台,拓宽育人渠道。学校可以在留学生宿舍打造以下平台:一是在留学生宿舍设立"心理之家",作为教师与留学生谈心谈话的场所。二是在留学生宿舍设置勤工助学岗位,创新开展资助育人工作。三是在留学生宿舍开展文化交流活动,实施国际理解教育,提升中外学生跨文化交际能力。四是在留学生宿舍开展"对话·成长午餐会——名师专家与青年留学生共话成长",加强留学生与专任教师的互动交流。五是举办寝室文化节、雅室设计大赛,以美育人,以文化人,倡导建立和谐健康的寝室人际关系,增强留学生群体的凝聚力。

1.3 校园环境

习近平总书记指出,做好高校思想政治工作,要更加注重以文化人以文育人。学校应开展文明校园创建,开展形式多样、健康向上、格调高雅的校园文化活动,广泛开展各类社会实践。校园文化是以社会主义先进文化为主导,由学校所有成员共同创造的学校物质文化、行为文化、制度文化、精神文化的总和;是一所学校在长期的发展过程中积淀的独特精神标识,是学校自身价值和精神内涵的显性和隐性表现力和影响力的综合。校园文化建设也是学生健康成长的重要条件和客观环境。内容丰富、形式多样的校园文化,最终会内化为留学生们对中国的理解认同,外显为他们的跨文化和全球胜任力,从而促进留学生们的全面发展。

近年来,虽然留学生人数不断增多,但留学生们在我国高校中仍属于少数群体,在校园文化建设中仍然处于边缘地位。再加上目前多数高校对留学生的趋同化管理程度较低,进一步加剧了留学生群体文化与校园主流文化的隔离。另外,虽然近年来留学生频频在各类校园活动中露脸,但这类活动依然停留在猎奇的层面,缺乏对留学生的引导和教育,多数时候留学生在其中仅仅是充当了展示多元化校园文化的符号工具作用。即使是留学生文化的主场——国际文化节,对各国文化的展示和交流也仅仅停留在服饰、饮食文化等粗浅表面,缺乏对文化的深刻挖掘与解读。

建设好以我为主、兼收并蓄的校园文化,充分发挥校园文化建设在来华留学生国情教育中的育人作用,重点要做好物质文化、制度文化、行为文化和精神文化等方面的建设。

第一,物质文化是大学校园文化的重要载体,发挥着显性教育的功能,同时也能潜移默化、润物细无声地教育影响留学生。物质文化主要是指校园的硬件文化,包括校内的建筑、树木、标语、校徽、院徽等。校园文化环境的建设既要体现学校的办学历史和办学特色,增强留学生对学校的归属感和认同感;又要厚植中国优秀传统文化,彰显时代新特征,提升留学生对中国的理解。同时,在以留学生为主体的微环境中,应更多地体现各国文化元素,着重展现兼收并蓄、包容开放的校园文化气质。

第二,制度文化是体现高校价值取向、办学理念,实现教学目标的有力保障。一套科学有效的规章制度不仅可以让留学生的管理更加规范,提升留学生的规则意识和纪律意识,也能让留学生切身体验到中国的精神价值文化。注重制度文化建设的立改废释,建立体现中国特色和国际视野的现代大学制度,不断优化内部治理结构,以改革创新激发发展活力,彰显以人本、先进、长效等为显著特征的校园制度文化成果。

第三,行为文化是校园中各类行为主体所表现出的文化形态,其主要内容有:一是师生员工的行为方式和生活作风;二是表现为多种形式的文体活动。学校的行为文化是学校精神文化的外化,是校园氛围、价值取向和人际关系的动态体现。建设好校园行为文化,首先,要加强对教师的师德师风教育以及对学生的行为规范教育,倡导师生建立健康向上、积极正面的行为方式和生活作风;其次,培育一批高品质、展现来华留学教育特色的国际化校园品牌活动,支持留学生社团的建设发展,加强对留学生体育美育、劳动教育、志愿服务等方面的教育引领,彰显以向上、向善、向美等为特征的校园行为文化特色。

第四,精神文化建设是校园文化建设的核心内容,也是校园文化的最高层次。校园精神文化主要包括校风、教风、学风和人际关系文化。校风是一个学校整体精神的综合体现,既是学校办学历史的积淀,又彰显出一所学校在新的历史条件下的办学思路,以校歌、校训、校徽和校旗等方式展现出来。好的校风对校园成员具有价值引领、规范凝聚、激励创新和陶冶调适的作用。教风是教师在长期教育实践活动中形成的教育教学的特点、作风和风格,是教师道德品质、文化知识水平、教育理论、技能等素质的综合表现。教师承载着传播知识、传播思想、传播真理、塑造灵魂、塑造生命、塑造新人的时代重任,教师是吐辞为经,举足为法的。优良的教风是学校教育为学生扣好人生第一颗扣子的关键。因此,高校必须持续加强师德师风建设,引导教师以"四有"好老师的标准要求自己,做经师和人师相统一的"大先生"。学风是治学之本、成才之本,涵养优良的学风对于学生的成长成才和学校的办学质量、社会声誉都有重要的影响。近年来,社会舆论不断诟病留学生学业质量较低的问题。加强留学生的学风建设关系着来华留学教育提质增效的成果和我国高等教育在国际上的声誉。因此各校应结合自身办学情况和留学生所学专业特点,建立科学严格的学风建设长效机制,加强对留学生的学术规范、学术道德和学术伦理教育。学校的人际关系文化主要包括师生关系、干群关系、同事关系以及学生之间的关系。积极正向的校园人际关系有助于形成团结向上、安定有序、风清气正的校园文化氛围,更好地发挥育人的作用。

案例分享 7

"缙云知华"大讲坛:晓中国国情　育爱华友人

意义背景 》》

来华留学生国情教育是来华留学工作的重要组成部分,关系到是否能够为党和国家培养未来在各专业领域积极促进中外友好交往、与中国人民携手构建"人类命运共同体"伟大事业的参与者和建设者,对于增强我国文化软实力、提升国家整体形象,有着重要且深远的意义。

"缙云知华"大讲坛由西南大学国际学院创立,"缙云"源自重庆著名的山脉缙云山(即李商隐诗句"巴山夜雨"中的巴山),"知华"意为读懂中国。大讲坛不仅有利于让来华留学生可以更好地了解中国当代的国情,培养他们对中国的情感;也有利于让中外师生在学术交流中碰撞思想,在碰撞中相互启发,在启发中获得新知,同时营造积极向上的学术氛围,提升中外师生的学术素养,加强学习型教师队伍建设和高水平研究生培养,推动学院学术研究的交叉融合和快速发展。

实施过程

"缙云知华"大讲坛于2019年10月启动,下设专家讲座、学术沙龙和青年沙龙三个子品牌。大讲坛历经4年发展,参与人数累计10000余人,成为学校来华留学生国情教育的重要阵地和特色育人品牌,在课程育人、科研育人、实践育人、文化育人、心理育人、网络育人等方面发挥了重要作用。

一、专家讲座开展情况

图3-20 "缙云知华"大讲坛举办专家讲座

专家讲座通过邀请校内外专家,向留学生讲述中国故事,传递中国声音。从2019年10月17日开始,国际学院共开展16期来华留学生国情教育专家讲座。

表3-1 "缙云知华"大讲坛专家讲座举办情况

主题	主讲人
江山之城——重庆的昨天、今天和明天	国务院特殊津贴获得者、全国有突出贡献的党史专家周勇教授
国际学生安全教育你我ta	西南证券北碚分公司副总经理易琼女士、北碚利民消防防火中心主任温天杰、学校心理学部教师吴波、校医院主治医师查静思等专家团成员

续表

主题	主讲人
从疫情学习——古今中国人抗疫的故事	西南大学国际学院耿军副教授
Living a Moderately Prosperous Life-Chinese Dream and Its Realization	西南大学外国语学院何武教授
留学生出入境法制宣讲	北碚区公安分局出入境管理支队马志锋警官
脱贫攻坚：中国经验	西南大学外国语学院陈思佳副教授
Belt & Road：Bridging Civilizations to a Human Community of Shared Future	西南大学"一带一路"研究院研究员周玉佳副教授
当代中国故事：中国国际医疗援助，构建人类健康共同体	重庆医科大学附属第二医院心内科副主任医师陈国柱
中欧班列与重庆对外开放通道建设	重庆交通大学副校长黄承锋教授、国际教育学院余元玲院长和雷洋博士
当代中国故事：中国法律之路构建历程	西南政法大学行政法学院陆幸福教授
促进民心相通，助力文明互鉴——当代中国高等教育国际化	重庆师范大学国际合作与交流处官品副教授
共同富裕——中国经济与贸易发展	重庆工商大学经济学院王静副教授
一个长江渔民生活的变化——和谐共生的中国生态文明建设	重庆大学外国语学院龙藜副教授、姚倩博士
中国数字乡村振兴的实践与路径	四川外国语大学国际法学与社会学学院谭湘颖副教授
国际学生安全警示教育	重庆市公安局出入境管理局境外人员管理支队徐振方警官、校医院主治医师查静思、校保卫处治安科科长黄汀州、国际学生心灵驿站指导教师洪雨婷老师作为"专家团"成员莅临现场，同时邀请来自俄罗斯、尼日利亚、泰国和坦桑尼亚的4名国际学生组成"学员班"现身说法，吐露国际学生共同心声
从脱贫攻坚到乡村振兴：中国农村的现代化	西南大学外国语学院何武教授

二、学术沙龙开展情况

图3-21　陈时见教授做学术报告

学术沙龙通过邀请优秀的院内外专家、博士研究生主讲,围绕论文选题、论文写作、国际中文教育的学科专业发展、来华留学生中国国情"柔性教育"、研究生就业指导等方面向全体师生分享相关经验。自2020年10月21日起,国际学院共举办16场学术沙龙。

表3-2　"缙云知华"大讲坛学术沙龙举办情况

内容	主讲人
围绕如何进行论文选题、如何搭建论文框架、如何做好文章论证、如何查找和阅读一手文献、如何遵循论文写作的学术规范等五个方面,分享国际与比较教育领域的研究选题与论文写作经验	西南大学教育学部教授、博士研究生导师、教育学部副部长、国际与比较教育研究所所长王正青教授
1.介绍"一带一路"与习近平总书记提出的"人类命运共同体"大背景下汉语在国际舞台所发挥的作用 2.围绕"人类命运共同体视域下国际中文教育的方向探寻"这个主题,提出将国际中文教育自身的发展与人类命运共同体构建紧密结合的对策	西南大学汉语国际教育博士研究生赵敏和汤颖
汉语国际教育硕士专业的国学素养	西南大学国际学院邱睿副教授
以"学术期刊视角的选题与论文"为题,分享期刊在选题、定位、文本写作和发表四个方面的宝贵经验	《中国青年研究》副主编、中国青少年研究会副秘书长杨守建研究员

续表

内容	主讲人
以梦为马,不负韶华	西南大学汉语国际教育2011级硕士毕业生、华东师范大学汉语国际教育博士研究生舒敬斌
以"古汉语词义的探索历程"为题,讲解当前古汉语词义问题研究的三个层面的问题:词义的认定问题、词义的归纳问题和词义的描写问题	重庆市语言学会会长、四川外国语大学中文系谭代龙教授
应用语言学视阈下的汉语国际教育研究与论文写作	西南大学国际学院院长刘承宇教授
从传统训诂学的角度入手,从如何识字、打通训诂和义理、"致广大而尽精微"三个方面对陈寅恪先生"读书必先识字"的治学理念进行阐释	西南大学附属中学语文教师、重庆市中语会常务理事、西南大学文学院兼职教师张爱明
英雄之旅——作为语文教师的启程、启蒙与回归	西南大学附属中学语文教师、课程与教学论博士、文学院兼职教师王浩
从北京冬奥会开幕式看来华留学生中国国情"柔性教育"	西南大学国际学院院长刘承宇教授
以"大学生的学习生活与创新发展"为题,结合自己的求学和工作经历,重点阐明三组关系:大学生学习的多样性以及学习与发展的关系,任务性学习与选择性学习的关系,选择性学习与创新发展的关系	西南大学副校长、二级教授、博士生导师、国务院政府特殊津贴专家陈时见教授
国际中文教育高质量发展背景下汉语国际教育专业硕士生研究什么?如何研究?	西南大学汉语国际教育2011级硕士毕业生、华东师范大学汉语国际教育博士研究生舒敬斌
热点与前沿——文献计量的可视化手段(知识图谱)在科学研究与论文写作中的运用	西南大学图书馆李楠博士
实习中那些你不知道的秘密	西南大学附属中学语文高级教师廖鑫
首先介绍人民教育出版社报刊社发行的《课程·教材·教法》《中国教育科学(中英文)》《教育史研究》等具有代表性的"七刊八本",以及投稿要求。随后,重点解读《课程·教材·教法》杂志2023年的20个重点选题,从选题产生的背景、选题的重要意义和可挖掘方向进行详细阐释	人民教育出版社报刊社余宏亮副社长
国际中文教师的职业生涯发展及教学经验分享	西南大学国际学院优秀校友、捷克布拉格金融管理大学孔子学院文化协调员兼汉语教师、《欧洲时报》捷克办事处主任和布拉格泓蒙汉学堂副校长狄小倩老师

三、青年沙龙开展情况

图3-22 "缙云知华"大讲坛青年沙龙举行活动

青年沙龙创办于2020年9月,至今已经举办12期。沙龙以来华留学生和在校中国大学生为主要参与对象,以青年对话和校外社会实践的方式,聚焦当代中国和世界发展主题,深入城市和乡村,了解当地的发展变化,感受乡村振兴等中国特色社会主义建设的伟大成就,领悟中国式现代化的深刻蕴意。

表3-3 "缙云知华"大讲坛青年沙龙举办情况

内容	参与者
从脱贫攻坚到乡村振兴:中国农村的现代化	西南大学外国语学院何武教授、西南大学国际学院留学生(17人)
"缙云知华"大讲坛中外青年沙龙之"徒步巴山,问道缙云"活动	西南大学国际学院杨昆老师、汪鑫阳老师及20名国际学生
"'缙云知华'大讲坛中外青年沙龙——Present China and It's people"和"江山代有人才出——人才辈出的北碚"	西南大学国际学院辅导员汪鑫阳老师、西南大学外国语学院辅导员向源老师、国际学院中外学生(50余人)
"缙云知华"大讲坛中外青年沙龙之"碚城探秘,乡建寻踪"	西南大学国际学院杨昆老师、西南大学乡村振兴战略研究院潘家恩副院长、西南大学农学与生物科技学院张赛老师、西南大学国际学院中外学生(25人)

续表

内容	参与者
西大硕博乡村行,助力振兴暖童心——重庆荣昌区支教活动	西南大学国际学院中外学生(21人)
论道乡村振兴,共话幸福图景——学校国际学生参加2023酉阳乡村发展国际大会	西南大学国际学院学生刘雯(印尼)、方雯(尼日利亚)、夏樱兮(俄罗斯)和凡伊(肯尼亚)
"知行中国——全球青年领袖计划"之寻访英雄城市,回溯十年历史,"数"说非凡未来——走访武汉调研学习	西南大学国际学院中外学生(6人)
"知行中国——全球青年领袖计划"之民俗文化与乡村振兴——前往四川绵竹调研学习	西南大学国际学院中外学生(4人)
"知行中国——全球青年领袖计划"之航农科技越丝路,麦积文化共情长——走访甘肃天水国家农业科技园区	西南大学国际学院中外学生(4人)
"知行中国——全球青年领袖计划"之智慧城市新魅力,数字科技向未来——调研杭州阿里巴巴西溪园区、浙江省科技馆、中国数字音乐基地	西南大学国际学院中外学生(4人)
文脉悠悠忆三苏,研途漫漫悟国情——"紫云研学"暑期社会实践活动	西南大学国际学院辅导员汪鑫阳老师、西南大学国际学院中外学生(12人)
科技兴农越丝路,互联互通人心慕——暑期社会实践活动	西南大学国际学院中外学生(16人)

实施效果

专家讲座、学术沙龙、青年沙龙共同构成了西南大学面向中外学生朋辈互补、国情同育、学术共鉴的特色育人体系。多样的主题讲座和来华留学生国情教育形式增强了来华留学生对中国文化、中国国情的理解,也提升了他们的跨文化交际意识,促进了中外文化交流和国际理解。

总结反思

"缙云知华"大讲坛是西南大学的特色品牌,是来华留学生国情教育的重要阵地,为留学生了解当代中国、与中国师生进行学术交流搭建了一个良好的平台。通过举办专家讲座、学术沙龙和青年沙龙等活动,真正展现中国的大国形象,培育爱华友人,再加上实践与真知的结合,更能激发全校中外师生的学术热情。

但同时,我们发现在"缙云知华"大讲坛开展的过程中,也存在着一些问题和不足。比如,在活动开展前,部分师生对"缙云知华"大讲坛的了解还不够全面;活动开展中,部分师生的参与积极性还不够高。究其原因,主要是前期宣传工作不到位。学校要充分认识到这一点,进一步做好前期宣传工作,让更多的人参与进来。另外,一些师生反映其讲座内容与自身专业联系不够紧密,或者存在"讲了没人听""听了没人问"等现象。因此,我们将在今后的讲座中坚持"以生为本,服务师生"的理念,努力创新形式,选择师生更感兴趣的话题、内容开展讲座与相关活动。

案例分享8

书院制+来华留学生国情教育:搭建"平台+体系+实践"为一体的来华留学生国情教育模式

意义背景

来华留学生是中外人文交流的重要使者。以习近平同志为核心的党中央高度重视来华留学教育事业,习近平总书记曾多次在给来华留学生们的回信中鼓励他们了解中国、多向世界讲讲所看到的中国,为促进世界各国民心相通、推动构建人类命运共同体贡献力量。高校大力提升教育对外开放水平,积极开展中国国情教育,用心培养了解中国大地、具有中国情怀,能传播中国声音、讲好中国故事的高素质国际人才,对于塑造我国在国际社会的良好形象,提升我国在国际社会的大国地位,服务我国外交战略布局具有重要意义。

当前,与来华留学生中国国情教育高质量发展的新要求和新期待相比,现有的高校中国国情教育还存在校内整体统筹不够、师资相对薄弱、教育内容设计单调和模式老化、留学生主观能动性不强等问题。因此,南方医科大学尝试将"书院制"学生管理模式引进到来华留学生中国国情教育中,充分借鉴和吸收书院在组织形式、管理模式和服务机制上的优势,推动学校来华留学生中国国情教育的重塑和发展。

实施过程 》》》

2017年以来,围绕培养知华、友华国际友人这一留学生育人核心任务,以加强留学生讲好中国故事、传播中国声音能力为目标,南方医科大学国际教育学院对留学生中国国情教育和日常管理模式进行大胆改革和创新,探索构建了以留学生为中心,以书院承载、学业支持为特点的国际书院制"四梁八柱"国情教育体系。

一、将留学生国际书院建设成为开展中国国情教育的载体

从成立四小书院(Ambition、Belief、Confidence、Dream 四书院)到整合成为统一的国际书院,书院的出现改变了以传统课堂教学为主的单一阵地,从学院到书院、从教室到宿舍,打破围墙限制,构建了以留学生为主体的生活社区,空间的转变让国情教育有了全新的"打开方式"。作为社区化、交互性、共享式的教育平台,书院能够与留学生生活相融合、与留学生需求相融合、与留学生日常教育管理相融合,最大程度汇聚国情教育资源,持续创新国情教育方式和拓展国情教育途径。

图3-23 南方医科大学来华留学生参加学校运动会

二、构建以书院为依托的来华留学生"四梁八柱"国情教育体系

依托书院这一平台,探索学院、书院"两翼一体"的育人模式,实现专业教育和国情教育的有机结合,互促互进。具体来说,就是围绕汉语言能力、感知实践、文化交融、学业支持四个维度,建设语言课堂教学、语言交流活动、中国国情教育课程、中国国情社会实践、文化适应支持、中外文化交互融合、学情地图信息、学习资源与支持辅助等八个子系统,形成以书院制为依托的"四梁八柱"国情教育体系。

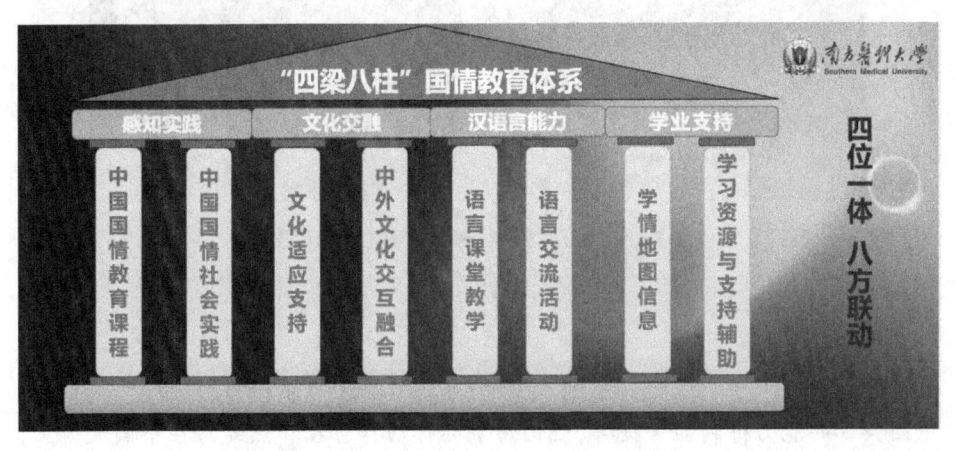

图3-24 "四梁八柱"国情教育体系框架

三、以书院品牌课程和活动为抓手,建设中国国情教育生态圈

以"汉语桥"为依托,衍生开展汉语辩论赛、古诗词知识赛、中文经典配音赛、汉语才艺秀等多项单人、团体汉语竞赛项目。以"五洲讲堂"为载体,邀请校内外知名专家、学者和社会人士来校举办多种国情主题活动和讲座,让留学生群体有更多接触中国社会各领域杰出人士和高端视野的机会,提升留学生群体对中国的综合认知水平。以实践教学基地为支撑,组织开展游历古迹、探寻非物质文化遗产、寻味最美乡村、探访现代建筑、感受中国智造、体验人工智能以及参与社会志愿类服务等活动,强化留学生从了解中国向理解和认同中国转变的实践感知。以促进中外学生融合为目标,开展校园国际文化节、中外传统佳节汇、线上文化Forum、中外学生球类友谊赛等活动,让留学生在与中国学生的沟通交流中提升认知,增进中外友谊。

图 3-25 "五月赞歌"来华留学生合唱比赛

实施效果

自书院制中国国情教育实施以来,南方医科大学留学生讲好中国故事、传播中国声音的能力得到显著提升,他们用实际行动将青春和热爱写在中国大地上,用双手搭建起沟通中外友谊的和平之桥。

图 3-26 乍得籍留学生马丁受到时任广东省政协主席王荣的接见

他们讲述的中国故事更加生动。2018年,乍得籍博士生马丁作为唯一来华留学生代表,因其在广东公共外交领域作出的贡献,受邀参加由广东公共外交协会主办、由广东电视台直播的"讲好中国故事 传播广东声音"电视访谈故事汇活动,并受到时任广东省政协主席、广东公共外交协会会长王荣的亲切接见。布隆迪籍留学生瑞迪、芬兰籍留学生谢梓仪等接受中央电视台国际频道、广州日报等媒体的专访,讲述自己的湾区留学故事。

他们践行的中国故事更加可爱。2020年,新冠疫情来袭时,学校来自13个国家的14名留学生成立了国际学生服务队伍,协助广州市第八人民医院开展外籍无症状感染者诊治过程中的情绪安抚工作,受到社会各界的好评和赞誉。布隆迪籍留学生瑞迪与印度籍留学生尼克合力创作歌曲 *Be Strong*,为广东援鄂医护人员加油,并在广州第82场疫情防控新闻发布活动上献唱歌曲。歌曲同时被媒体制作成MV,编入粤非同心抗疫系列报道。

图3-27　留学生自创歌曲 *Be Strong* MV海报

他们展现的青春风采更加闪亮。2017年,阿富汗籍学生赛加德与珠江医院的老师和同学一道,救助突发疾病的伊朗客商,成为广交会最亮丽的风景。2019年,索马里籍学生丁瑟在广州正佳广场购物出手救治昏倒的中国大妈,并一直守护到患者醒来才默默离开,被羊城媒体"疯狂"点赞。2020年,柬埔寨籍留学生彭康等参加国家留学基金管理委员会主办的"感知中国 我们的抗疫故事"主题征文活动并成功入选征文集。2022年,巴基斯坦籍博士生在中国日报社"我的校园故事"主题征文活动中获图文类二等奖。

总结反思 >>>

对来华留学生讲好中国故事,传播中国声音,根本是要心相交、情相融,关键在人。目前,学校中外学生联合开展的活动数量少、频率低,中外学生在日常交往中接触少、沟通少。因此,大多数留学生还未能通过中国学生这一重要窗口认识与感受生动活泼的中国,中国学生也无法在日常化的交往中客观认识留学生、理解来华留学教育的外交意义,更未能以自己的言行举止和才学风貌感染留学生,文明互鉴、民心相交的教育效果尚未实现。如何加强中外学生的沟通和交流,进一步在书院框架下推进中外学生融合机制的形成,是学校来华留学生中国国情教育下一步工作的重点和难点。

我们将深刻学习和领会习近平总书记给北京大学、北京科技大学、中国石油大学等高校留学生重要回信精神以及2023年5月在中央政治局第五次集体学习等重要会议的精神,认真贯彻落实回信精神的要求,完善来华留学生国情教育体系,积极统筹各方力量和资源,不断推动中外学生融合取得实际进展,在中外学生融合中实现中国文化和价值观的传播,为促进民心相通、推动构建人类命运共同体贡献南医力量。

2. 校外现实场域

2.1 实践基地

在"三全育人"理念指导下,高校需要充分利用校内校外实践育人基地资源,精心打造沉浸式留学生国情教育大课堂,促进全方位对留学生进行中国国情教育,培养"知华友华爱华"的人类命运共同体参与者和建设者,以及兼具良好专业素养和跨文化沟通交流能力的全球化人才,让留学生体验中国、感知中国,促进中外学生跨文化交流,鼓励留学生更加深入地了解真实的中国,从"中国之制"感受"中国之治"和"中国之智"的质感和魅力,从而为传播中国声音,讲好中国故事,展示真实、立体、全面的中国做出贡献,为促进各国人民民心相通发挥积极作用。

在当前来华留学生数量激增的形势下,我国需要尽快建设既有文化育人,又有以专业提升为目的的教育实践基地,以适应教育部加强高等教育内涵式发展的要求。来华留学生实践育人基地可按育人目标分类为两类:一类是以提升留学生专业知识技能为教育目标,依托相关行业建立专业特色社会实践基地,实现留学生的专业发展,比如,与知名企事业单位对接,开展以创业就业为目的的各类专业性实践活动。留学生可发挥专业优势为基地单位排忧解难,同时在实践活动中发现问题、解决问题,调整完善知识结构、激发创新能力。另一类是以中国文化、中国国情为主要教育内容,依托高校内部外部资源建立以文化育人为主要目标的各类文化体验基地。比如,开展当地民俗文化体验实践活动,深入我国中小幼学校进行教育实践活动,举行乡村振兴示范基地体验实践活动、红色文化体验活动,等等。文化作为软实力,能够潜移默化地影响个人和群体。通过开展以各类文化或国情为教育主题的实践活动,留学生能够更加深刻地了解和体验中国文化,对中国国情有更客观的认识,就会产生心理认同,更加理解和热爱中国,从而为日后成为知华友华的交流使者打下基础。

在各类实践基地中,在文化、价值观、习俗的相互碰撞和交流中达到相互理解,并调节原来的价值观和行为。高校通过有效整合多方资源,加强学校与各级政府部门、企事业单位、行业协会的多元合作,秉承优势互补、互通互联、共建共享、合作共赢的原则,开展互动融合式的来华留学教育实践,其本质都是以实践活动为载体,通过实践活动来合力推进实践育人,为培养中国故事的讲述者、参与者和传播者提供支持,为中外文化交流和发展作出应有贡献。

2.2 校外社区

20世纪30年代,中国社会学家费孝通在翻译德国社会学家滕尼斯著作 *Community and Society*(1887年)时,把Community翻译成"社区"。这个词经许多学者引用,逐渐流传下来。以现在的视角看,社区是指某一固定的地理区域范围内的社会团体,其成员有着共同的兴趣,彼此认识且互相来往,行使社会功能,创造社会规范,形成特有的价值和福利体系。可见,社区所包含的要素有4个,即成员、区域、关系、认同;所体现的功能主要是管理、服务、保障、教育、安全。

随着留学生数量的激增,不少高校校内学生宿舍已无法满足留学生住宿需要。更多的留学生倾向于选择校外住宿,他们希望通过在校外居住以更好地融入中国社会,更多地与中国人交流,提高自己的汉语水平,增进对中国的了解。留学生不远万里来到中国求学,由于语言文化等差异,许多学生往往在生活上会面临些许困难与无措,可能会出现人际关系困难、心理不适等情况,这严重影响了他们的生活幸福感。所以,如何解决学生难以适应社会生活的问题,是社区育人工作的重要内容。通过在社区内举办各类文化体验和志愿服务活动,可以有效让留学生融入普通市民的日常生活,亲近广大人民群众,感受丰富多彩的社区文化,了解中国基层治理,增强社会责任感,更加全面客观地认知中国国情。

留学生群体由于其特殊性,在校学习期间有一部分选择了在校外租房,这部分留学生所处的校外社区环境,不同于中国学生所处的校内学生社区,校外社会社区不自觉地参与到了留学生的育人环节中。社区环境是社区育人的一个重要元素,可以分为社区物质环境和软环境。

社区物质环境主要指社区中的硬环境。社区中起到育人作用的物质环境包括宣传标语、宣传画和社区设施三种。宣传标语、宣传画可分为四类:一是宣传国家大政方针类,比如,"新时代、新思想、新目标、新征程"、中国梦等;二是宣传创建文明社区类,比如,"文明社区公约""垃圾分类投放"等;三是宣传家风家教家训类;四是宣传社区特色类。通过社区举办的一些摄影活动,宣传社区美丽的景色,使居住在此的留学生感受到社区的美,同时也能感受到该社区居民对自己所居住社区的喜爱。社区设施包括基础设施和配套设施,各种方便的社区基础设施使生活在该社区的留学生深刻体会到在中国生活的便利性,使他们对中国的发展产生认同感。同时,健身设施器材等配套设施可以使留学生感受到中国人对健康、生活的态度和看法。

社区软环境主要指由群体内部许多无形的人际关系、心理因素构成的一个复杂的环境系统,包括制度形态的软环境和精神形态的软环境。制度形态的软环境是各种规章、守则、规范和组织等的总称,体现出整个集体的思想观点、价值观念,规范和引导着留学生的行为习惯。制度形态软环境的优化关键是要体现出紧张而宽松、严肃而活泼的特点,使留学生既有规范得体的行为方式,又有开朗活泼的良好状态。中国社区的干净和安全,邻里之间的互帮互助以及社区工作人员对需要照顾的居民的关心,使居住在这个社区的留学生也能产生强烈的安全感和舒适感。从居住环境中,留学生可以感受到中国社会的法治清明,感受到尊老爱幼的传统美德。比如,每逢中国传统节日,一些社区会组织庆祝活动,在这些活动中,留学生通过和中国人一起庆祝中国的传统节日体验中国文化,感受到了中国人民对自己传统的热爱和继承。

案例分享9 ▶

"三农"实践育人体系:留学研究生"五位一体"感知"三农"发展与"三维并举"助力乡村振兴双链融合

意义背景 »»

当今世界正经历百年未有之大变局,在这个重要历史节点,习近平总书记先后4次给来华留学生回信,希望留学生在中国多走走、多看看,了解真实、立体、多元中国,加强中外交流,促进民心相通,做好友谊使者和合作桥梁,为构筑人类命运共同体贡献智慧和力量。

西北农林科技大学积极贯彻落实习近平总书记给留学生的回信精神,坚持问题导向,服务国家需求,针对当前农业院校留学研究生"三农"实践育人普遍缺乏特色,实践育人路径与行业结合度不够的问题,坚持"知行合一"育人理念,探索构建了留学研究生"五位一体"感知"三农"发展和"三维并举"助力乡村振兴双链融合的"三农"实践育人体系,形成了来华留学生教育品牌特色,培养了一批"知华友华"国际友人。

实施过程

一、留学研究生"五位一体"感知"三农"发展

2018年底,西北农林科技大学经国家留学基金委员会批准成为全国来华留学生社会实践与文化体验基地。通过探索实践,学校建立了留学研究生"听""观""询""品""谈""五位一体"感知"三农"发展实践育人体系,帮助留学生感知了解多元中国,了解中国政府实施脱贫攻坚和乡村振兴战略推动"三农"发展取得的伟大成就。

1."听"。开设"中国概况"课程,聆听中国农业发展史;在感知中国活动中聆听《中国实施乡村振兴战略目标与路径》等专题报告;参加中国杨凌农业高新科技成果博览会,聆听未来农业专题学术报告;赴陕西合阳南沟村开展毕业留学生离华前最后一堂实践课,聆听地方产业发展和减贫实践经验。

图3-28 西北农林科技大学留学生参观学校猕猴桃试验示范站

2."观"。参观学校博览园内的中国农业历史博物馆;参观学校的试验示范站;参观杨凌蒋家寨、陕西合阳南沟村等新农村建设;参观中国杨凌农业高新科技成果博览会展馆和杨凌现代农业示范园。

3."询"。在"感知中国"活动中,留学生就个人的关注点和兴趣点进行充分的咨询交流。询问农业经济学专家关于精准扶贫等问题;询问栽培育种专家关于农作物种植技术和经验;询问村干部关于产业扶贫和"两不愁三保障"的乡村治理脱贫经验;询问村民生活变化。

4."品"。在学校的试验示范站品尝专家培育的各类水果新品种;在学校组织的"品味西农——科研成果进社区"系列活动中品尝各类特色农产品。

5."谈"。在"感知中国"活动中与陕西合阳县南沟村村干部座谈交流,学习减贫实践经验,现场接受"感知中国"活动随行记者采访,分享心得体会;参加教育部"留学中国"系列征文、中央广电总台举办的"辉彩中国——国际传播新声代"比赛和陕西省首届国际中文才艺大赛等活动,讲述留学生在华故事,传递中国好声音;组织留学生参加国家留学基金管理委员会主办的"感知中国"主题营活动,表演《乡村支教》情景剧,谈收获体会。

图3-29 哈萨克斯坦留学生张诺在陕西省镇巴县羊场指导农户科学养羊

二、留学研究生"三维并举"助力乡村振兴

2021年,学校将"留学生感知助力乡村振兴行动计划"列为巩固拓展脱贫攻坚与乡村振兴有效衔接六大行动计划之一。组建留学生助力乡村振兴社会实践

团队,通过志愿服务、农技推广、文化交流"三维并举"参与助力陕西合阳乡村振兴,形成了留学生实践育人长效机制。

1.志愿服务。成立留学生支教团,2021年至今,组织巴基斯坦等9个国家的15名留学生志愿者,持续为陕西合阳县南沟村等三所乡村小学每周开展一次"线上+线下"英语口语支教课,有效弥补了乡村英语教学资源不足问题,开拓了小学生的国际视野,提升了英语口语能力。留学生不仅在志愿服务中提高了综合素质,还培养了他们的基本教学技能,加深了对中国乡村的了解认知,学习了中国减贫实践经验,促进了中外民心相通。此举成为校地联合促乡村教育发展的有效举措,受到各方好评。

图3-30　西北农林科技大学3名留学生支教团成员被授予"感知中国"宣传大使

2.农技推广。留学研究生发挥自身专业优势,通过"线上+线下"的方式,为陕西镇巴县肉牛、生猪、山羊、茶叶、马铃薯相关产业基地、相关企业、合作社、养殖场负责人、农业技术推广人员、农户代表60余人进行农技培训,并解答农业生产中的问题,助力农村产业发展。

3.文化交流。开设"云端看世界·丝路大讲堂",留学生通过"线上+线下"形式,为陕西合阳县、镇巴县高中生、初中生、小学生累计7000人次介绍不同国别文化和风土人情,有效拓宽了孩子们的国际视野,打开了思维和格局;举办乡村国际文化艺术节,为乡村文化振兴注入异国元素,中外师生群众在跨文化交流中互学互鉴,促进了民心相通;留学生学习了解陕西合阳诗经、剪纸等文化,感受中华文化的博大精深。

实施效果

《让青春梦想与脱贫攻坚同频共振——西北农林科技大学研究生助力脱贫攻坚的探索与实践》入选第五届教育部直属高校精准扶贫精准脱贫典型案例。《感知乡村振兴 助力脱贫攻坚 构建"知华友华"留学生实践育人模式——以西北农林科技大学为例》等两篇案例分别入选2019年和2021年全国来华留学年度报告特色案例。《"以感知中国"创新开展来华留学工作》入选教育部《神州学人》期刊。全国高校思想政治工作网以"培养民心相通知华友华的农科留学生"为题进行了专题报道。人民日报社、新华社等中央媒体累计报道我校留学生工作40余次。有3名留学生被国家留学基金委授予"感知中国"宣传大使。西北农林科技大学受邀在2020年全国来华留学年度工作会议作留学生"知华友华"教育主旨宣讲。《西农大探索外国留学生下乡感知多元中国》被中央内参刊用。《"知华友华"农科高素质来华留学研究生教育模式探索与实践》成果获国家级教学成果二等奖。

总结反思

发挥农业高校资源优势,依托"三农"主战场开设"立德树人大课堂",留学生在农村广阔天地与中国人民零距离接触,在感知助力和互动融合中增强直观感受,产生文化亲近感,理解认同中国发展理念和制度,从而愿意讲好中国故事,传播好中国声音。

下一步,学校将继续认真贯彻落实习近平总书记给留学生回信精神,以立德树人为根本,通过狠抓实践育人,培养更多具有世界格局和中国情怀的"知华友华"国际友人,为服务"一带一路"农业发展,构筑人类命运共同体贡献西农智慧和力量。

案例分享10

校外留学生住宿管理创新模式:校地协同 多元共治
打造来华留学生管理"六方协作机制"

意义背景

来华留学工作是我国教育对外开放的重要组成部分,是服务"一带一路"倡议和构建人类命运共同体的重要载体。自2010年教育部发布《留学中国计划》以来,我国来华留学生层次显著提升,规模快速扩大,已经成为世界第三、亚洲最大的留学目的国,在服务国家重大战略和教育改革发展方面的作用日益凸显。同时,来华留学生数量的激增给高校的管理带来巨大的挑战,因语言、文化、生活习惯、管理方式等差异导致涉外矛盾与纠纷层出不穷。而出入境、派出所等基层外管部门存在管理力量不足、管理职能分散、管理手段单一等现实困难,涉外警情多发且难处理,涉外舆情频发。因此,探讨如何在新形势下建立新的来华留学生管理和服务机制,妥善处理高校、地方政府、房东、留学生等不同群体之间的关系与诉求,实现多方共赢,成为当务之急。

图3-31 社区举办消防演练

实施过程

2018年以来,浙江师范大学坚持问题导向,协同属地公安机关,联手打造了集公安、学校、街道、社区/村委、出租房东以及留学生志愿者"六位一体"的"六方协作机制",探索管理育人、服务育人新模式。

一、做好顶层设计,建立运行机制

一是组织机构。建立由学校保卫处和国际交流与合作处代表、出入境局及派出所代表、街道代表、社区和村委代表、房东、留学生志愿者组成的工作小组,负责协调"六方协作"机制具体事务。

二是工作机制。建立定期会商制度,六方代表每月举行例会,通过例会总结工作、通报信息、部署任务等,确保机制运行常态化、规范化。落实一站式服务机制,在社区设立"境外人员服务管理中心",实现六方实体化办公,为留学生提供租房、信息登记、签证、翻译、法律援助、矛盾纠纷调解等一站式服务。实行风险闭环处置机制,建立留学生警情"清零"机制,对涉留学生警情实行"公安现场核查、校方共同跟进、信息通报反馈"工作方针,明确案(事)件报送范围和反馈方式,将相关案(事)件24小时内传递给学校,学校依法依规进行及时处置。

三是考核机制。制定平安社区考核、出租房消防定级与出租管理制度、优秀留学生志愿者评选、校内二级单位考核等一系列考核制度,督导各方工作,推进各方同向同行。

二、明确六方职责,落实管理育人

学校负责采集留学生基本信息,选聘留学生志愿者,配套修订或出台相关管理和评奖制度,如《国际学生纪律处分规定》《国际学生奖学金评选办法》《国际学生综合素质评价办法》《来华留学生荣誉称号评选办法(试行)》《来华留学生校外活动十项文明公约》等,建立系统的始业教育课程,每学期邀请市出入境局、民宗局、禁毒支队、海关、派出所等部门的专家为留学生开展法律法规、校纪校规、传染病防控、校园安全、留学保险等主题讲座,考试合格者给予1个学分。出入境局及派出所负责出入境事务管理、治安巡查、基础信息采集更新、住宿登记管理、消防安全监督检查、查处涉外案件,及时向学校通报有关情况。新狮街道负责经费保障,指导社区建设境外人员服务中心,组织出租房屋星级评定。各社区/村委负责境外人员居住、工作场所的安全防范、危房排查,提供咨询、租房、矛盾纠纷化解等服务,发现异常情况及时通报公安机关,组织文化活动,宣传中国文化。出租房房东配合境外人员服务管理工作,落实相关管理要求,掌握承租人动态,及时向社区和公安机关报告矛盾纠纷、异常活动线索。留学生志愿者负责协助宣传法律法规、学校规定、村规民约,配合日常巡防、身份核查、信息采集,帮助其他租住留学生融入社区。

三、抓好队伍建设,促进文化育人

建设一支相对稳定的留学生管理队伍,对接公安和街道,聘选优秀留学生志愿者参与社会综合治理,打造"新丝路"自治品牌。在"境外人员服务中心",创推"新丝路"暖心服务队、"新丝路"洋娘舅调节队、"新丝路"境外人员民情民访代办员队伍、"新丝路"青年突击队,配合公安机关到涉外单位、留学生居住密集区开展政策宣讲、矛盾纠纷化解、反诈宣传、火灾演练等。鼓励街道和社区举行各种文化活动,比如,中秋节"明月千里寄相思"活动,清明节做清明果,端午节包粽子等,春节时鼓励房东邀请留学生到家中做客,促进留学生融入社区。同时,金华市政府联合学校每年在市中心举办"中非之夜"嘉年华活动,邀请各国留学生展示本国的传统文化、服饰、美食等,增进中非文化的交流;新狮街道举办"音乐节"等活动,邀请留学生团队上台表演,中外同台,促进多元文化融合。

图 3-32 留学生老娘舅成功调解住宿纠纷

实施效果

自推行"六方协作机制"以来,当地居民与留学生的关系明显改善,村民收入增加,留学生满意度提升。2018年,时任国务院副秘书长兼国家信访局局长舒晓琴曾专程到勤俭社区调研指导,称之为"新时期的枫桥经验"。

1. 涉外案(事)件大幅下降。2018年至2020年,新狮派出所辖区各类涉外案(事)件总体平稳,并呈现出下降趋势,分别为2018年97起,2019年86起,2020年13起。

2. "新丝路"志愿者活动成果喜人。2018—2020年,"新丝路"自治队伍调解涉外矛盾纠纷156起,服务留学生12700余人次,配合公安机关开展日常巡逻、法律宣传、文明劝导1360余次,参与清查走访4800余人次。"新丝路"志愿者队伍连续三年被评为浙江省志愿者服务工作先进集体,获评浙江省志愿者服务项目大赛银奖。

3. 管理模式获得同行认可。两年内有130余批次省内外各级领导、同行到婺城指导考察"六方协作机制",全国68家媒体进行了相关报道,其中《三级联动、六方协作,做好金华市涉外疫情防控工作》获外交部肯定并向全国推广,时任省委副书记、省长袁家军批示"金华做法值得借鉴推广"。该机制的经验还被推广到外籍教师、外籍客商、外籍演职人员等其他外国人管理,其中"严把六关管好洋外教"做法得到时任浙江省省长郑栅洁同志批示肯定。

(数据来自金华市公安局)

图3-33 留学生志愿者跟警察一起巡防社区

总结反思

党的十八大以来,习近平总书记多次就来华留学工作做出指示,并四次致信来华留学生,体现了党中央对来华留学事业的高度重视,为新时代来华留学事业指明了方向,提供了根本遵循。当前,来华留学正处于"提质增效"的发展阶段,如何实现来华留学高质量发展成为高校面临的重大命题。高质量的来华留学事业发展需要高质量留学生管理和服务的支持。

下一步,我们将从入境、报到、就读、毕业/退学、离校离境等环节来构建来华留学生全链条闭环式管理模式,不断探索和完善"六方协作机制",扩大外管格局,完善和丰富服务清单,解决留学生管理的痛点、难点。探索与国情教育相结合的管理新模式,让留学生在参与社区治理中融入中国社会,学习"中国之治",讲好中国故事。

3. 虚拟场域

习近平总书记在全国高校思想政治工作会上强调指出:"要运用新媒体新技术使工作活起来,推动思想政治工作传统优势同信息技术高度融合,增强时代感和吸引力。"当代中外青年几乎是无人不网、无日不网、无处不网,可以说谁赢得了互联网,谁就赢得了青年。网络能突破地域和时空的限制,具有快速传播和复制的特点,在留学生国情教育中扮演着重要角色,网络育人工作任重道远。

近年来,我国高校普遍重视互联网在来华留学招生和日常管理中的作用,同时也取得了显著成效,来华留学工作的管理信息化水平不断提升,但同时也存在一些问题,主要体现在:

第一,网络平台单一。习近平总书记强调:"宣传思想工作是做人的工作的,人在哪儿重点就在哪儿"。来华留学生不同于中国学生,他们使用互联网的特点是:功能性地使用中国的新媒体,情感性地使用国际的新媒体。他们使用QQ、微信等通常只是为了接收信息和通知,而大部分上网时间都在FACEBOOK、TWITTER、YOUTUBE等国际性的新媒体场域。目前,我国多数高校留学生网络育人工作主要通过微信公众号、微博或者抖音、快手等中国新媒体方式实施,尚未主动抢占国际性新媒体场域,导致时常出现我们自己说得很热闹,但留学生们却无动于衷的场面。同时,留学生在华学习期间还能较多地使用中国的社交网络,一旦毕业回国之后,就较少使用或者停止使用。另外,对于一些有志于留学中国的外国学生,因为种种原因不易接触到中国的新媒体。因此,如果仅靠国内新媒体平台进行国情教育,辐射力和影响力极其受限。

第二,网络内容单一,育人元素缺乏。目前,部分高校开通了针对来华留学生的微信公众号,定期上传各类通知和新闻。多数高校都在使用国际学生管理服务平台开展留学生的招生和管理工作,不断推进来华留学教育工作的信息化、数字化和智能化,但多数内容依然停留在通知发布和新闻宣传的层面上,缺乏高质量的育人内容供给,很难引起留学生的共鸣共情。

第三,网络育人队伍尚未形成合力。目前,留学生网络育人工作最突出的问题是缺乏一支政治素质好、外语水平高、综合素质优、结构合理、影响力大的网络育人队伍。网络育人队伍的主要力量集中在留学生辅导员和留学生管理人员,缺乏学校大宣教系统的指导和支持,以及专业教师、专业学院和学生的参与。由于网络育人队伍整体水平不高,在面临突发性的网络舆情事件时,容易手足无措,不能快速、有效应对。

第四,网络舆情应对机制不够完善。在处理有关留学生网络舆情问题方面,常常出现应对滞后、发声不力和缺乏引导等问题,导致舆情失控,让外界对来华留学教育工作产生误解,对工作开展产生阻碍,同时,各种不实谣言,也容易伤害留学生,影响来华留学教育在社会上的整体形象。

党的二十大报告明确指出:"提炼展示中华文明的精神标识和文化精髓,加快构建中国话语和中国叙事体系,讲好中国故事、传播好中国声音,展现可信、可爱、可敬的中国形象。加强国际传播能力建设,全面提升国际传播效能,形成同我国综合国力和国际地位相匹配的国际话语权。"在高校做好网络育人工作,不仅是来华留学教育事业的必然要求,也是建设高质量国际传播能力的应有之义。

第一，拓展网络育人平台，构筑更加完备的新媒体矩阵。一方面，高校要以传统网站建设为基石，提升育人阵地的联动性和辐射性。做好学校和留学生培养单位的双语网站建设，打造学校和留学生培养单位的国际化名片形象。同时，作为宣传和管理的重要平台，要做到及时发布和更新信息，增强网站的实用性，提升留学生的访问频率。同时，也要重视来华留学教育管理信息化平台建设，以信息化推动趋同化。另一方面，在巩固好微信公众号、抖音等国内新媒体平台的同时，大力拓展FACEBOOK、TWITTER、YOUTUBE等国际性的新媒体平台，不断提升账号的关注度和知名度，让新媒体平台不仅做好当前留学生国情教育的育人工作，也能增强对潜在留学生的吸引力和感召力，提升校友对母校的黏性度和归属感。

第二，把握学生特点，形成更高质量的网络育人内容供给。具体来说，一是在解决留学生的实际问题中讲好中国故事。习近平总书记指出，做好高校思想政治工作，要因事而化、因时而进、因势而新。要遵循思想政治工作规律，遵循教书育人规律，遵循学生成长规律，不断提高工作能力和水平。留学生困惑、出问题、迷茫时就是我们育人的重要契机。网络育人内容要坚持将解决思想问题和解决实际问题结合起来，解决个别问题和解决群体问题结合起来。二是创新话语表达体系。话语体系包括价值体系、知识体系和表达体系。在构建、总结、提炼价值体系和知识体系方面我们已经有了很多成果，比如，人类命运共同体、脱贫攻坚与乡村振兴、共同富裕等。但是，在话语表达体系上比较欠缺，陷入了有理说不出、说了传不开的卡嗓子困境。网络育人内容应该研究如何形成中国立场、国际表达，中国故事、国际叙述的话语表达体系，以此增强国情教育的亲和力和感染力。三是寻找价值对接点。要表达自己、传播自己，不能停留在自说自话、自我解读的层面上，要从和平、发展、公平、正义、民主、自由的全人类共通价值入手，探索出如何让自己的东西适合于各种不同的文化语境，用中国道路、中国方案、中国智慧去解答人类共同面临的难题和困境，找到最大公约数，画好最大同心圆。四是不仅做好中国传统文化的国情教育，也要善于传播好中国的流行文化。传统文化是一个国家的文化底蕴和历史脉络，是理解一个国家和文化的逻辑起点。但是流行文化更能吸引和走近年轻人。因此在做网络育人的过程中,不仅要传播好中国的传统文化,还要宣传好中国的流行文化,增强从流行文化中解读中国传统文化的能力,增强国情教育的趣味性和吸引力。

第三,壮大网络育人队伍,铸就网络育人新力量。一是夯实以留学生辅导员和留学生管理人员为主体的留学生网络育人队伍,不断提升这支队伍的政治敏锐性和政治鉴别力,增强这支队伍的外语水平和跨文化传播能力,牢牢把握网络育人的主导权。二是组建由教学名师、学科带头人、高水平科研团队等组成的"网络名师队伍",打造一批高质量和高水平的网络育人"金课",及时解答学生疑惑,启迪学生的心灵。三是把握好主导型和主体性的关系,充分发挥留学生的主体性作用,注重培养留学生中的网络意见领袖,提升他们的网络素养,增强他们的新媒体编辑能力,比如,短视频拍摄能力、文案撰写能力等,支持他们创作优秀的网络文化作品,并积极向海外媒体传播,让留学生向世界讲出自己在中国的故事。

第四,增强网络舆情引导能力。一是规范留学生网络行为,尤其是提升留学生的国际理解能力。教会学生学会用欣赏、包容、互鉴的态度来看待世界上的不同文明。二是要不断提升对网络舆情的引导能力。近年来,针对留学生的网络负面舆情主要集中在:留学生的招生标准和质量问题、"超国民"待遇问题以及和中国学生的婚恋问题等,目前针对这些问题舆论呈现一边倒的态势,给来华留学教育工作带来了极大的阻力。甚至一些错误的、不实的言论也没有得到及时的回应和澄清。高校应主动打破"沉默的螺旋",提高政治站位,增强网络舆情化"危"为"机"的能力,用真理说服人、用真情感染人、用真实打动人。

第四章

来华留学生国情教育的实施与评价

第一节
来华留学生国情教育目标定位

众所周知,教育目标是一个多维的概念,可以从多个角度进行阐述。来华留学生国情教育的目标亦是如此。在本研究实践中,我们对来华留学生国情教育的目标定位如下:

1.培养熟悉中国国情和文化的知华者

42号令规定高等学校应当对国际学生开展中国法律法规、校纪校规、国情校情、中华优秀传统文化和风俗习惯等方面内容的教育,帮助其尽快熟悉和适应学习、生活环境。2018年10月,教育部出台《来华留学生高等教育质量规范(试行)》指出,来华留学生应当熟悉中国历史、地理、社会、经济等中国国情和文化基本知识,了解中国政治制度和外交政策,理解中国社会主流价值观和公共道德观念,形成良好的法治观念和道德意识。因此,本研究认为,通过全员、全过程、全方位的来华留学生国情教育实践,培养熟悉中国国情和文化的知华者,是来华留学生国情教育的重要目标。

2.培养具有国际视野、多元文化互学互鉴的促进者

来华留学生来自不同的国家,拥有不同的文化背景,他们相聚于教室,形成一个小的"联合国",不同的文化、不同文化背景的学习者如何理解包容、交

流互动,这一现实需求要求多元文化背景下的来华留学生国情教育实践应当培养具有国际视野,具备包容、认知和适应文化多样性意识、知识、态度和技能的多元文化互学互鉴的促进者。本研究认为,通过真实、客观的留学生国情教育,使不同国家、文化背景的学习者能够互相尊重、理解,共创各美其美、美美与共的美好画卷,是来华留学生国情教育的又一重要目标。

3.培养优秀的中外跨文化交际者

语言是沟通民心的桥梁,通过来华留学生国情教育实践,培养留学生的汉语交际知识和能力,使留学生能够在中国和母语国文化场域中成功、有效地交际,并在交际中发挥好中国故事的传播者和讲述者的作用。

第二节
来华留学生国情教育设计

留学生群体作为"知华友华"重要力量,在留学过程中获得的文化体验将在很大程度上影响着对中华民族文化体系的认可程度、亲近程度。面向留学生群体的国情教育工作应当秉承必要原则,通过有效策略的运用来促成国情教育有效性的提升。因此,立足国情教育的特殊性,分析留学生国情教育设计的几项基本原则,明晰其表现形式及特征,从而总结出来华留学生国情教育设计的普适性原则。

1. 设计原则

1.1 育人性原则

总体上讲，在课堂教学及课外活动的设计方面，育人性原则主要从知识层面、思维方式、文化认同三个维度体现出来。

第一，掌握核心知识。客观知识的输入一直是来华留学生国情教育活动中的重中之重。以某高校自编教材《中国概况》为例，该课程体系分绪论、上编、中编、下编四个部分。其中上、中、下三编共有十八章内容。绪论部分重点介绍较有影响的有关"文化"的概念，广义与狭义文化的内涵及外延。上编部分除介绍中国文化产生和发展的历史地理环境、经济基础、社会政治结构外，重点介绍了中国传统文化的发展历程，以便留学生对中国文化的产生和发展有一个纵向的了解。中编部分对中国文化的主要门类和成就进行介绍，引导留学生了解、学习中国文字和典籍、科学技术、教育、史学、宗教、伦理道德等内容，并重点学习、研究中国哲学、文学、艺术。同时，为了使来渝留学生更好地了解重庆，感知人文北碚，加深与母校的情感联结，专设两个章节的地域文化板块。下编部分，从总体上讲述中国文化的基本精神、核心特点，具有总结性意义。教材一方面要让留学生了解和掌握中国文化的类型和特点、基本精神、价值系统，另一方面重点介绍中国传统向近代、现代的转变，着力探讨如何创新当代文化，如何建设具有中国特色的社会主义文化。

在育人的同时要注意知识内容的趣味性，从而提高国情教育的效率和效果。进一步而论，还应基于来华留学生的专业背景及语言能力，特别是学习兴趣，对国情教育课程内容进行建构，优化符合培养目标的课程内容。分析最近几年我国高校普遍采用的国情教育类教材，不难看出各类教材在基本内容框架上大同小异。对中国整体情况的介绍主要包括地理、历史、科技、建筑、教育、艺术、政治、国策、生活、民俗等方面内容。而在具体的内容侧重和遴选上则表现出较大不同。比如,高等教育出版社出版的《中国概况》[1]与复旦大学出版社出版的《中国概况》[2],对中国历史部分的内容阐释有着不同的着力点。前者善于总结中国历史发展的一般规律,用特定时期的符号式人物或事件呈现中国历史发展过程中的文化现象;后者则侧重于依据时间顺序展现中国王朝更迭、社会形态转变的历史脉络。尽管着力点不同,但两套教材均以商周甲骨文、孔子及其开创的儒家学派等留学生普遍感兴趣的内容作为切入点,进而分别展开阐述中国历史发展的相关内容。

对于国际中文教师及相关工作者来说,有效利用来华留学生对中国文化中的兴趣点为留学生国情教育教学的设计指明了方向。根据郑州大学黄卓明教授对近年来华留学生感兴趣的中国国情及文化内容的调查结果,可以得出如下数据[3]:

表4-1 对"中国概况"内容的兴趣度调查

项目	不感兴趣（人）	不太感兴趣（人）	无所谓（人）	有些兴趣（人）	非常感兴趣（人）
地理环境及气候	99	86	87	262	200
中国历史发展	103	86	102	222	221
中国自然资源	66	41	64	239	324
中国人口和民族	112	76	152	225	169
中国旅游城市及景点	27	13	42	168	484
中国历史事件	85	63	110	254	222
中国政治制度和基本国策	129	75	117	227	186
中国经济发展	85	79	96	218	256
中国科技发展	49	39	78	223	355
中国教育发展	72	55	115	276	216
中国体育发展	65	58	100	262	249
中国古典文学	128	115	119	239	133

---

[1] 郭鹏,程龙,姜西良.中国概况[M].北京:高等教育出版社,2011.
[2] 吴中伟,胡文华.中国概况[M].上海:复旦大学出版社,2021.
[3] 黄卓明,吕兆格.国际学生中国概况课程建设研究与实践[J].云南师范大学学报,2020,18(3).

续表

项目	不感兴趣（人）	不太感兴趣（人）	无所谓（人）	有些兴趣（人）	非常感兴趣（人）
中国现代文学	123	93	130	226	168
中国当代文学	138	101	155	230	110
中国传统节日及风俗	49	39	72	261	313
中国传统文化和宗教	118	50	136	231	199
中国古代名人	120	64	131	232	187
中国当代名人	92	50	117	234	241
中国语言与汉字发展	88	62	115	226	243
中国经典艺术	70	61	105	232	266
中国建筑	71	62	104	245	252
中医	61	38	104	229	302
中国服饰文化	90	67	121	242	214
中国饮食文化	71	47	85	241	288
中国现代生活	66	26	75	262	305
中国农历与十二生肖	98	55	117	263	201
河南与中原文化	76	42	109	288	219

根据调查所获的数据，来华留学生感兴趣的前十个项目依次为：

表4-2 中国"概况内容"的兴趣度调查排序

排序	项目	非常感兴趣人数
1	中国旅游城市及景点	484
2	中国科技发展	355
3	中国自然资源	324
4	中国传统节日及风俗	313
5	中国现代生活	305
6	中医	302
7	中华饮食文化	288
8	中国经典艺术	266
9	中国经济发展	256
10	中国建筑	252

西南大学杨甜副教授在"学习需求指向的来华留学生《中国概况》教材修订策略的实证分析——基于669份问卷调查统计数据"的研究中,访谈了来自泰国、越南、老挝、吉尔吉斯斯坦、埃及、斯里兰卡、哥伦比亚、美国、俄罗斯、马达加斯加、韩国等国家的学生,他们学习汉语少则一年,多则十几年,且学历层次包含本科生、硕士研究生、博士研究生及语言进修生。访谈最后提出了一个开放性问题:"在目前《中国概况》教材内容基础之上,留学生还希望从中国概况课程中了解哪些中国国情?"经整理后的留学生回答情况见表4-3。研究发现:当前中国概况类教材的文化内容选择尚未充分契合来华留学生的学习需求,未来应突出来华留学生的学习主体地位,注重其学习需求与学习体验,创造更加多元的教材互动形式与个性化学习渠道,引入多元主体参与中国概况类教材编写,不断完善数字教材资源建设,以《中国概况》为矩阵完成对来华留学生的中国国情教育使命。

表4-3 留学生还希望从《中国概况》中学到什么

序号	主题分类	答案文本
1	中国经济	互联网经济
2	中国历史	中国各朝代的著名皇帝
3	中国科技	智能支付、中国高铁
4	中国医学	中医治病、武术养生、中国的医疗政策
5	中国建筑	古代建筑、网红城市
6	中国文学	网络流行语、地区方言
7	中国艺术	中国瓷器

此外,还应强调育人方法。"沉浸式教学法"是学习外国文化最有效的方法之一。该教学法的理论支撑来自于人种学的方法,其最初源于西方传教士和冒险家对"他文化"(other culture)的资料收集活动。外国留学生要想了解一种文化,最好的办法就是置身于该文化环境中,以亲身参与的方式从内部观察、体验该文化的内涵。沉浸式教学让留学生走进中国社会生活的方方面面,从学生自身的角度出发去理解和解释中国文化,极大提升了留学生对中国文化的探索兴

趣。[1]在日常跨文化交际中,沉浸式教学法还可以把文化和语言学习结合起来,使留学生的文化认知和语言学习相辅相成、共同提高。语言是文化的载体,语言熟练度的提升对理解语言背后的文化有极大的促进作用。

第二,培养探究思维。除要求留学生掌握知识本体外,在教学过程中引导学生对文化现象背后的原因进行探究也是育人性原则的重要体现。在教学过程中以感知概念—对比内化—表达输出的模式引领留学生的兴趣与认知。比如,在对"中国地理环境"这一知识点进行讲解的过程中,除了让留学生了解中国国家地理环境、地形特点、主要地貌特征之外,还要更进一步理解在这种地理环境下形成的气候特点以及与之适应的传统农耕文明,理解传统农耕文明孕育出的"天人合一"思想和儒道文化。因为中国国情和文化不仅仅是一套关于事实的描述性知识系统,应该从内圈跳出,建设性地展开对事实的系统性解释。讲解中国国家地理环境,还应挖掘这种环境对中国文化的形成和中国国民性格塑造的影响,促使留学生对中国地理和文化的理解更为深刻,不再囿于浅表的认知,能够理解中国传统价值观形成的底层逻辑思想,激发学习动力。这是一个由表及里的思维过程。

此外,还应引导留学生将中国文化与西方文化进行对比,基于文化教学对比性原则,在留学生原有认知场域中提炼对比信息,引导留学生对输入的知识进行内化。

第三,实现文化认同。随着我国高校来华留学生教育事业的蓬勃发展,对外汉语教学中的文化教学也呈现出多样化、系统化、信息化的趋势。党的十八大以来,习近平总书记在讲话中多次提到了关于加强文化自信、弘扬优秀传统文化的重要性。可见对于中国文化的认同也在新的历史时期被赋予了新的历史使命。文化认同(Cultural Identity)不仅是中国人对于本国文化的认同,也包含了同为人类命运共同体构架下的其他各国人民,特别是广大来华留学生对中国文化的认同感。谈到文化认同,就要先理解身份认同,即"我是谁"的问题。每个人根据

---

[1] 祖晓梅,陆平舟.中国文化课的改革与建设——以《中国概况》为例[J].世界汉语教学,2006(3).

自身成长和生活环境的不同,总是会在第一时间认为自身所处的文化正确而有价值,可以用来定义自身的存在。美国学者 Deaux 认为,身份认同是一个人对自己归属哪个群体的认知,这是自我概念中极其重要的一个方面。[1]如孔子会介绍自己是鲁国人,古代希腊的沿海居民则会说自己是靠打鱼为生的渔夫。

随着自我身份认同的不断延伸和发展,人们关注的目光渐渐从自身转变为群体。在一个民族共同体中长期共同生活的人们会形成对本民族最有意义的事物的肯定性认同,其核心是对该民族基本价值的认可。美国政治学家 Huntington 阐述了文化认同的内涵,也就是回答了"我们是谁"的问题。[2]云南省社会科学院研究员郑晓云认为,文化认同是人类对于文化的倾向性共识与认可。他还指出,在当今全球化时代,全球文化认同包含两个层面:文化理解和文化共识。[3]不同文化之间存在着人类共同拥有的价值观,是可以相互理解的;同时也对关系到整个人类发展利益的问题具有达成共识的意愿。这就说明,从宏观意义上讲,来自不同国家与民族文化形态之间的包容、理解与吸纳要远远大于差异所带来的偏见、质疑与对抗。

以高校来华学习的各国留学生为例,他们对本国或本民族文化的态度是接受、欣赏的,虽然对其他文化,尤其是具有巨大价值观差异的异族文化是排斥、困惑的,但这并不代表他们无法达成对陌生文化内容的认同。事实上,世界上的各种文化形态不是孤立地存在着的,而是在不断碰撞与融合的过程中进行自我完善与发展。文化认同论为本研究提供了笃实而可信的理论基础,可以说,理解了文化认同的概念和本质,对于来华留学生国情教育及文化教学具有重大意义。

基于此,来华留学生国情教育设计中在文化观、价值观维度上遵循育人性原则,对于打破文化隔阂,促进文化交流,培养"知华友华爱华"的国际友好人士,以实现该群体对中国文化的认同感,具有重要的战略价值。

---

[1] DEAUX K. Reconstructing social identity[J]. Personality and social psychology bulletin,1993,19:4-12.
[2] HUNTINGTON S. P. The clash of civilizations and the remaking of world order [M]. New York:Simon & Schuter,2002:127-140.
[3] 郑晓云.文化认同论[M].北京:中国社会科学出版社,1992.

来华留学生国情教育设计中的育人性原则为国情类教学活动提供了保障。在基于育人性原则的课内课外教学活动中，教师应充分收集、运用留学生感兴趣的话题及教学手段，由表及里地对中国国情知识本体进行阐述、解释，进而引发留学生对产生文化现象背后原因的深度思考，最终实现对中国文化的内在认同。

1.2 学理性原则

"学理性"是指研究过程中有科学的研究思维，以及支撑研究的基本学科理论。2018年，教育部印发《来华留学生高等教育质量规范（试行）》提出：来华留学生应当熟悉中国历史、地理、社会、经济等中国国情和文化基本知识，了解中国政治制度和外交政策，理解中国社会主流价值观和公共道德观念，形成良好的法治观念和道德意识。由此可见，基于学理性的来华留学生国情教育是：我国各高等院校根据学校办学特色和来华留学生特点，通过第一课堂（传统课程）、第二课堂（社会实践、文化活动）等教育方式同频共振，以"讲好中国故事"为着力点，开展中国国情、历史史情、区域地情、就读学校校情等国情教育，形成具有学科理论支撑的中国国情课程体系。具体来说，留学生国情教育内容和形式应该反映中国文化和中国社会的基本情况和普遍性特征，能够反映中国某地的社会文化和区域特色，所在学校的校情文化，能够增强留学生对所在学校、地区，以及中国文化和中国社会的全面认识和理解，促进其形成价值认同。此外，具有学理性的来华留学生国情教育不止是简单地介绍中国，也不是单纯对来华留学生开展思想教育，而是教师一方面传授有科学理论支撑的教学内容，另一方面将思想性与学术性统一起来。

首先，学理性原则要求建构国情教育课程体系。以留学生为主要受教育对象的情境使得中国国情教育天然具有国际性、复杂性和政治敏感性。可以说，具有学理性的来华留学生国情教育，是来华留学生在异质性的文化场域中接受的一种国际理解学术教育活动。因此，"三全育人"视域下来华留学生国情教育不仅要从教育手段出发，协调"第一课堂"和"第二课堂"，建构立体化国情教育课程体系，还可以从教育方法出发，全员、全过程、全方位地建构国情教育体系，将中国文化所蕴含的价值观、理念、思维方法等融于日常教育教学活动中，激发来华留学生的主观能动性，使其主动学习、认识中国国情。新冠疫情肆虐期间，不少留学生无法入境中国体验传统线下国情教育课程及活动。为避免填鸭式的、呆板的理论教学，填补留学生未到中国导致的"第二课堂"空白，利用线上教学优势和特点，建立个性化、实时性、沉浸式的线上中国故事课程体系，开展中国国情、历史史情、区域地情、就读学校校情等国情教育，最终形成线下留学生及线上境外留学生的中国国情学习共同体。综上所述，具有学理性的来华留学生国情教育不仅要立足中国国情、文化特色、制度优势、价值观等内容，建构具有学科理论的中国国情课程体系，还要提升任课教师、留学生管理人员的中国文化素养、信息素养等综合素养与跨文化沟通能力，巩固思想教育理论基础。[①]

另外，教育方式的选择往往是根据教育目的、教育内容和教育对象而确定的。基于学理性的留学生国情教育在设计时除了要考虑教育目的和留学生的实际情况外，还应选取契合教育内容、反映中国特色、中国价值的方式方法。需要注意的是，并不是指所有的教育方式方法都必须具有中国特色，而是基于教育内容或主题，如有契合中国特色的方式方法则合理使用。比如，"尊师"是我国的传统美德。在设计这一主题教育活动时，不仅要求留学生对尊师的知识及其价值观进行了解，还应结合留学生的日常学习生活，针对上课仪式、课堂行为、师生交往礼仪等环节提出要求，把尊师落实到行动上，以知促行，以行促知，形成道德内化。此外，我国传统的教育方法，如克己内省、知行合一等，均适用于留学生国情教育中涉及道德、价值观方面的教育内容，其中特别适合学生的自我教育。

其次，有学理性的留学生国情教育应该充分考虑留学生的学习背景和跨文化学习特征，精心设计教育目标和过程步骤。留学生国情教育的目标除了要考虑国情教育的价值取向外，还应结合留学生的学习背景和发展需求来设定。留学生来自不同的国家和地区，他们的成长环境、文化背景、教育经历各不相同，并

---

① 胡丹，戴丽．中国现代媒介批评的"学理性"探究[J]．中华文化与传播研究，2021(02)：72-85．

且在来中国之前,大多数人已经具有了一套完整的思维模式和价值体系。留学生国情教育是一种跨文化学习,对于他们来说不是一种单向的知识灌输,而是双向的交流互动。因此,要充分考虑他们的跨文化学习特征和专业背景,从留学生的学习需求、学习策略、文化适应性、语言水平等实际出发。只有结合留学生的跨文化学习特征与专业背景,才能科学地制订留学生国情教育活动的教育目标,提高教育目标制订的针对性。如留学生国情教育中往往会涉及中国人的人际关系、处世哲学的探讨。在设计教育目标时,不能将抽象的中国人际关系和处世哲学作为直接目标(如果作为直接目标,往往会采用知识性讲解和灌输的传统教育方式,教育目标难以实现),而是应该从留学生的学习需求出发设计教育目标。认知中国人的请客方式、餐饮礼仪的教育活动,其活动设计应从实际案例出发,要求学生观察中国人的家人、朋友、师生等不同群体的请客吃饭或聚餐方式,归纳总结出中国人在饮食、宴请时的基本礼仪与餐饮要求,进而再拓展到其背后所蕴含的餐饮文化、人际关系、处世哲学等文化观念的学习和理解。结合留学生的生活体验,从具体的、有真实需求的教育目标出发,才能让教育活动的组织实施具有学理性和针对性。

最后,留学生国情教育目标的设计还应遵循教育的一般规律,实现多层次、多维度的统一。留学生国情教育的最终目标是要培养"知华友华爱华"的国际人士,要实现价值认同并不容易。因此,留学生国情教育要遵循价值认同形成的一般过程和机制规律。价值认同包括认知、情感、意志和行为四个阶段,其中认知认同是价值认同的起点,情感认同是催化动力,意志认同是坚强保障,行为认同是最终目的。[①]大部分留学生来中国之前,对中国的认识和了解是较为有限的,存在刻板印象甚至文化偏见。对于留学生来说,国情教育首先要达到认知认同的目标,即正确认识和理解中国的国情,包括文化、历史、政治制度、道德思想、主流价值观等等。因此,教育目标的制订要遵循认识的一般规律,由简入繁、由易到难、由具象到抽象,循序渐进,层层递进,即目标要有层次性。此外,价值认同

[①] 胡国清,张雪.对话理论视域下留学生中国国情教育教学探析[J].海外华文教育,2020年(3):14.

的形成还涉及情感认同、意志认同和行为认同三个方面。因此,国情教育目标也应涵盖情感、意志和行为三个维度,根据留学生的具体情况,设计相应的学习目标和内容主题。只有将认知、情感、意志三者结合起来,才能有效推进行为认同;同时,行动的落实又会强化认知、情感和意志认同。

综上所述,课程是教育教学的重要媒介,是学生获得知识的便利、快捷、权威的途径。让留学生认识中国、理解中国,课程学习是主要途径,也是第一途径。高校要加强留学生国情教育课程建设,因材施教,继续优化课程体系,创新课堂教学方式,健全课堂教学管理和评价办法,提高课堂教学效果。设置符合留学生特点的系列化、多样化、立体式的课程,构建必修课程与以通识教育为特征的选修课程相结合的留学生国情教育课程体系。充分利用现代教育技术,线上线下结合,让留学生不受专业和时空的限制学习中国国情教育课程。[1]同时要建设好第二课堂,将其有机嵌入课程体系之中,增强教学效果。此外,还应该做好留学生国情教育教材的编写工作,构建编排严密、体系完整、系统性强、内容丰富的教材。

1.3 体验性原则

体验性学习是一种学习者主要通过实践获得知识和经验的学习方法,它以学习者为中心,鼓励学习者在体验后进行反思并建构新的知识、经验和技能,同时,关注学习者在真实情境中的体验以及学习者与情境的相互作用。[2]David Kolb提出的"四阶段体验学习圈"作为最典型的体验式学习,具体包括体验、观察反思、抽象概括和检验应用。有两种体验的方式:一种是感知(即具体体验),另一种是领悟(即抽象概括)。

国情教育具有实践性、综合性、思想性等特征,国情教育要取得良好的效果,不应仅仅拘泥于传统小课堂当中,而应将"小课堂""大社会"紧密联系,实现从

---

[1] 叶荔辉.隐性教育中的群际融合路径研究——基于545名来华留学生的质性访谈和实证研究[J].思想教育研究,2020(07).
[2] 徐蓓佳.国情教育视域下如何向来华留学生讲好中国故事[J].湖南广播电视大学学报,2022(01).

"坐而论道"向"做而论道"转变。近年来,各级教育行政部门和各高校积极探索开展来华留学生国情教育的途径和方式,建构了来华留学生国情教育的丰富载体。一是在国家层面,教育部指导国家留学基金管理委员会、中国教育国际交流协会、教育部留学服务中心等单位,以打造品牌活动为依托,增强来华留学生对中国社会的融入感,开展了"留动中国——在华留学生阳光运动文化之旅""感知中国"文化体验活动和"我与中国的美丽邂逅"征文比赛等活动,极大增进了来华留学生对中国的认知,加深了他们对中国的理解。二是在地方层面,各地方政府和社会组织在来华留学生国情教育实践中也做出积极探索与创新。比如,北京市邀请来华留学生参加国庆70周年群众游行"人类命运共同体"方阵,生动有力地诠释了人类命运共同体的理念。上海市教委开展外国留学生英语授课示范课程建设工作,培育和建设了"中国智慧""中国道路"等一批英文授课国情教育课程。浙江省教育厅举办"浙江省高校'新时代中国道路'校园巡回宣讲活动",向来华留学生全面解读中国发展历程和发展模式。三是在高校层面,各高校落实相关政策和规定要求,通过开设课程、搭建平台等多种形式和途径积极开展来华留学生国情教育。比如,某高校着力构建并完善文化育人体系,组织开展"理解中国"系列文化和学术实践活动,加强文化实践项目建设,组织来华留学生赴学校定点扶贫的甘肃秦安县参加社会实践,增进中外青年交流,促进了来华留学生对中国的理解。

通过课外实践、社会实践,来华留学生才能真正理解课堂所学的知识。课外实践、社会实践是课堂教学的延伸和补充,是对课堂教学的全方位、立体的拓展。讲好中国故事要重视社会实践和文化体验,让留学生在实践中深入感知中国。一是结合所在地区的历史文化、产业特色等实际情况开设社会实践类课程。高校应当在乡村振兴、共同富裕、绿色生态、数字经济等方面开展实践活动,通过实地访问、互动交流等形式,组织来华留学生参观中国企业、红色基地,组织留学生体验中国传统节日民俗的魅力,感受中国传统文化的强大生命力,比如,某高校通过开展"缙云知华"大讲坛中外青年沙龙,引导中外学生共同关注中国乡村建设,了解在地文化。沙龙第一期活动"碚城探秘,乡建寻踪"带领该校中外学子寻访往昔乡建遗迹,体验新型生态农业。二是建立实习实践和创新创业基地。高校可以跟中小学、街道社区、企业、创业园等共同搭建留学生实习实践基地和创新创业基地,在人才培养、创新创业、实习实践、资源共享等方面建立长期稳定的合作关系,为留学生提供课外学习、体验中国文化、了解中国社会的平台,比如,某高校与宗申产业集团、骑龙火锅以及学校食品科学学院等企业和单位合作,建立留学生教育实践基地。感知中国、体验中国是留学生国情教育的重要组成部分和重要载体。高校在开展留学生国情教育的过程中,要善于利用适合留学生的实践方式,利用贴近留学生的案例,引导和组织留学生亲身体验中国文化,走进中国社会,情景化、直观式领会中国国情的内涵和精髓。[1]

  留学生国情教育的组织形式和方式方法要注重因材施教。我们应当充分认识到留学生的跨文化学习特征,尊重他们的个体差异。他们在中国文化和社会环境中进行学习,需要克服文化差异,解决文化冲突,实现有效的交流和理解。同时,他们的教育背景、学习能力、政治倾向、宗教信仰也各不相同,语言水平参差不齐,留学动机、专业背景和学习目标多元多样。因此,在设计留学生国情教育活动时,选择适合跨文化学习的组织形式和教育教学方式,不能简单粗暴地采用直接教学、知识灌输的模式,而是要让留学生亲身参与、切身体验,在具体的情境互动中建构起对中国的认识和理解。比如,情境式教学、对话互动式教学、合作式教学、任务式教学等教育方法,强调以学生为主体,师生对话、平等合作、参与体验,更适用于留学生国情教育。现场观摩体验、实地调研等方式更容易让学生把教育主题与所学专业相结合,加深对教育主题的认识与理解。同时,由于留学生存在个体差异性,他们在学习效果上也会有所差异,作为教育者,我们不能一味强调教育结果的高度一致性,要允许差异的存在,并针对差异因材施教,让留学生国情教育持续不断地影响留学生的思想,促进认知、情感、意志和行为认同。

---

[1] 张祥云,陈莉.人文教育"体验"论[J].大学教育科学,2012(03).

1.4 时效性原则

基于国情教育的特殊性,从长远视角出发,把握当下时代机遇,讲好"中国故事"。进一步而论,具有时效性的留学生国情教育设计应从中国未来的发展及中华文化的传播等目标出发,呼应国家大政方针、区域发展战略、学校中心工作,避免为追求一时的绩效考核而选择采用表层化、短视化、灌输化方法开展留学生国情教育。同时,深入考虑时代发展因素,紧跟社会环境、政策法规变化趋势,并采用更符合当下学生群体认知习惯的教学方法开展教学,使国情教育朝着与时俱进的方向迈进[①]。

首先,具有时效性的留学生国情教育内容要具有历史意义和时代价值。中国具有灿烂的文明和悠久的历史,在时间长河中,中国逐渐形成了自己独有的价值观念、思维方式、社会心理和审美情趣。在选择留学生国情教育内容的素材案例时,既要能反映中华优秀传统文化的精髓,又要具有时代价值,能够为现代人所理解和接受。比如,中华优秀传统文化中"讲仁爱、重民本、守诚信、崇正义、尚和合、求大同"的价值理念,既反映了中国古代人民的价值观念和理想追求,又具有极强的现实意义和普适性。又如,仁爱与博爱、民本与人本、诚实守信、公平正义、和平共处、人类命运共同体等主题都能引发留学生的思考、理解与共鸣。从另一个视角看,留学生国情教育内容也需要具备现实意义和当代价值。留学生生活在中国,亲身感受着中国社会的方方面面,当代中国人的生活方式与价值体系正是他们所想了解和感知的。因此,留学生国情教育内容也要选择那些能够反映当代中国社会和中国文化的案例,比如,中国在政治、经济、文化、社会、生态等方面的发展变化,当代中国的家庭生活、节庆、饮食、礼仪、社交、艺术、审美等等。结合留学生的留学经历与体验感受,促进他们进行跨文化比较与学习,多方面、多层次地了解中国、认识中国。

其次,具有时效性的留学生国际教育设计要体现中国特色,反映中国价值。发展是当今时代的主题,也是世界各国人民普遍关心的议题。中国坚持走中国

[①] 胡清国,张雪.来华留学生中国国情教育的基本原则[J].纺织服装教育,2020,35(04):283-287.

特色社会主义发展道路,经过几十年的努力,经济快速发展,人民生活水平不断提高,国力日益强盛。"中国模式"也为世界各国的社会发展提供了另一种参考方案。通过学习和了解中国共产党治国理政方略、中国特色社会主义发展道路、中国在国家发展和民族复兴进程中所取得的辉煌成就和优秀经验,能促进留学生更深层次地认识中国,理解中国道路,进而透过中国看本国、看世界。中华文化发展延续至今,有着深厚的历史文明积淀,塑造了中国人民不可磨灭的精神脊梁。因此,在面向留学生群体的国情教育设计中,应该展现充分的文化自信,在充分认可历史文脉价值的前提下,将这一精神力量内化到与他人交流的过程中[1]。文化自信是基于当下日益激烈的文化竞争趋势而找准的精神定力。留学生来到气候环境、语言文化都很陌生的中国后不可避免会产生"文化混沌"状态,这个时候如果过渡不好就会直接影响他们以后的留学生活。同时,留学生本身带有自己国家的文化习俗,会用自己国家的文化标准评判中国的文化,容易对中国文化产生偏见和错误认知。因此,对留学生进行国情教育时,老师们应该有坚定的文化自信,及时为留学生传授正确的价值观,让留学生了解中国。历史证明,中国做出了让世界瞩目的成就,中华文化包含有可供世界其他国家借鉴和参考的中国智慧,不同国家的留学生必然会在中国国情教育中受益。只有从根本上对中华优秀传统文化产生精神信赖,才能够对其中蕴藏的文化基因进行深度挖掘,将我国特有的历史底蕴转化为未来的核心竞争力。在留学生国情教育中,对我国发展进行案例、经验分析,提取其中的"中国智慧"要素,可以为现代治理问题的解决提供有价值的参考。

再次,具有时效性的留学生国情教育应该因地制宜,也即留学生国情教育活动的开展必须考虑师资水平、物质条件、地域环境等影响因素。同时,教育内容要反映区域和学校特色,充分挖掘和利用地情和校情育人资源。留学生的生活圈是他们感受和认知中国社会、中国文化的主要场所。学校及其所在区域的社

---

[1] 闫鹏,吴家华.社会主义核心价值观认同转化论析[J].江淮论坛,2020,(06):92-98.

会、经济、教育、文化为来华留学生国情教育提供了第一手资源。比如,世界杂交水稻之父袁隆平先生的事迹及其杂交水稻的研究与推广,以及科技下乡、科技脱贫、乡村振兴的故事,都是鲜活的教育案例,有助于留学生从身边的人与事出发,更为直观、立体地认知中国。进一步而论,我们要考虑教师的留学生国情教育素养和能力,包括对留学生国情教育目标的正确认知、内容体系的理解、相关的教学技能、跨文化交际能力等等。教师的留学生国情教育能力影响着教育活动的整个过程。我们还要考虑留学生国情教育活动开展所需要的物质条件,比如,是否具有丰富的教学资源、完善的教科书,足够的相关教学用具、活动器材、教学活动场所等。留学生所在地区的社会发展状况、地域文化、自然环境等均可作为留学生国情教育的教育资源。要充分挖掘本地资源,在真实的、即时的情境中开展生动的留学生国情教育活动,激发当下留学生的学习兴趣和动机,让他们参与体验并进行高质量的对话交流,由此实现对中国更深层次的认知、理解和认同。

最后,时效性要求不断完善国情教育课程内容。教育部相关文件明确规定,对来华长期进修(1年以上)和各学历层次(专科、本科、研究生)的留学生都必须开设中国国情教育课程,主要是以"中国概况"课程为代表。目前几乎所有高校都已经开设此课程,虽然经过多年探索,但对来华留学生的中国国情教育仍然存在很多问题,教学效果不彰。世界在不断变化,信息在持续流动,要思考如何确保留学生能在最短时间内接收并接受国情教育的内容,同时,在未来的学习和工作中,能够长期持续运用已掌握的国情教育知识来思考和解决问题。因此,留学生国际教育设计应注意循序渐进,逐步夯实认知体系,才能深层次掌握教育内容。为体现这一要求,在教材内容与学习进程的设计中一般从"由浅至深、由易至难"的角度出发,避免留学生陷入认知困境当中。同时,做到有所侧重、有所取舍,优先选择与留学生学习、生活密切相关的内容,舍去一些过于晦涩难懂的内容。比如,在介绍"中国长城"相关的内容时,首先介绍长城的建成时间、历史来源、在当时的功能作用等,在留学生建立起初步认知后,再展开讲解长城建设对于中国政治、经济的影响,并根据留学生的专业差异,分别选择深入讲解的重点。在学习进程设计方面,考虑到留学生汉语基础的不同,将教学目标分为三层指标,学习方法的难度与考核评价的标准随着层次的递进而升级。在层次递进原则下,留学生对于中华文化的理解不再简单地停留于表面认知,能够在掌握基础信息的前提下对相关人物、事件产生自主的解读,留学生的认知水平与其对中华文化体系的认识理解能力得以同步发展,体现留学生国情教育的时效性。

综上所述,时效性包括以下三方面:第一,国情教育信息传递的时效性,即信息时效,也就是在多长时间内将最新的国情内容传递出去。第二,留学生在国情内容理解过程中所消耗的时间差,即接受时效。世界是变动的,信息是流动的,应当让留学生在最短时间接收并接受最新的时事信息。第三,时效性也还包括留学生在未来的学习工作中能够在多长时间内继续保持运用已有的国情内容思考问题、解决问题,即运用时效。这些时效性因素都直接影响国情教育效果。留学生国情教育是当下高质量来华留学教育工作中的重要一环,其设计原则应围绕着时效性要求,有效引导来华留学生主动"发现中国,感受中国,体会中国"。受社会发展不断变动的影响,国情教育设计方案需要不断整合最新的信息,探讨最新的中华文化传播方案,确保留学生群体能够在最短时间内快速接触到最新的文化信息,从而在价值取向与思维习惯等方面受到中华文化的濡养。

2.实施路径

本研究中的来华留学生国情教育设计理念为"三全育人"理论,即在设计与实践中努力做到全员、全方位、全过程育人。鉴于此,本研究坚持"第一课堂"和"第二课堂"同频共振,多元主体参与、多种资源整合、多种形式互补,以及协同育人的理念设计活动,具体的方案设计见表4-4。

表4-4 来华留学生国情教育设计

	形式	主体	时段
第一课堂	通识教育课程	专业教师、学生	汉语初、中级阶段
	专业发展课程	专业教师、学生	教育全阶段
	讲座/沙龙/座谈会	专业教师、相关专业教师、留管人员、学生、学生会	分布在相应的教育阶段
第二课堂	社会实践	留管人员、辅导员、班主任、教师、学生、学生会	分布在相应的教育阶段
	团体活动	留管人员、辅导员、班主任、教师、学生、学生会、社团	分布在相应的教育阶段
	社区生活	后勤管理人员、留管人员、辅导员、班主任、学生	教育全阶段
	朋辈引导	校友会、学生会、社团、同学、朋友、家人	教育全阶段

2.1 "第一课堂"

构建以通识课程、专业课程、个性化选修课相互联动的特色化课程体系;举办留学生国情教育讲座和学术沙龙;开展以"国际理解课程"和"中国概况思政课程"为抓手的留学生国情教育基础研究。

2.1.1 构建特色化课程体系

来华留学生国情教育特色化课程贯穿来华留学生本科、硕士培养方案的始终,通过通识教育课程、专业发展课程、个性化选修课程、自主创新课程等板块予以全方位呈现。

通识教育课程中,中国概况、中华传统体育、中国民歌赏析、中国结、中国剪纸艺术、中国书法、中国民歌技能训练、中国民乐、中国舞蹈等都是留学生了解中国的不同视角,这些课程可以加深留学生对中国的认识,提高他们学习中国文化的兴趣,丰富他们的学习生活,培养他们的业余爱好。

专业发展课程包括现代汉语、古代汉语、中国现代文学、中国古代文学、比较文学概况、中国文化概况等。这一类课程是课程体系中的核心课程,来华留学生们通过专门、深入的学习,能更好地了解中国及其历史文化底蕴。

个性化选修课程包含的课程繁杂，涉及的内容广泛。例如汉字课、跨文化交际、影视鉴赏、传统礼仪、名著导读、饮食文化、民俗文化等。这些课程主要是为了促进来华留学生全面发展，提高他们的综合素养，全方位认识中国，培养来华留学生正确的异质文化观，促使他们研究、探索、深入体验中国文化的魅力，将自己国家的文化与中国文化进行对比，促进文化之间的交流与互鉴。

2.1.2 举办留学生国情教育讲座和学术沙龙

来华留学生培养单位可以利用学校相关专业师资资源，举办留学生国情教育讲座和学术沙龙。

留学生国情教育讲座可以围绕通识板块、地域人文板块、校园板块、跨文化板块这4个板块，覆盖政治、经济、文化、教育、历史、卫生、地域文化、新农村建设、校史校情、大学章程、跨文化沟通等专题，向来华留学生讲述全面、真实的中国。

留学生国情教育学术沙龙通过主题式学术报告，分享优秀学术研究成果，学习不同的思维模式和科研工作方法，在交流中碰撞思想，在碰撞中相互启发，在启发中获得新知；同时营造积极向上的学术氛围，提升师生的学术素养，提高师生的理论研究和教学实践能力，加强学习型教师队伍建设和高水平研究生培养，增强团队意识与合作精神，推动学术研究的交叉融合和快速发展。

2.1.3 开展留学生国情教育基础研究

为使留学生国情教育更具有科学性和可持续性，鼓励教师和学生积极开展相关基础研究，以研究促学习、促了解。例如，可以开展来华留学生文化认同研究，围绕国际理解课程建构，帮助留学生加深对不同国家文化的认识与理解，培养他们在对本民族主体文化认同的基础上，了解、尊重其他国家、地区、民族文化的基本精神和风俗习惯，学习、掌握与其他国家、地区、民族人民平等交往、和睦相处的技能，形成不同社会文化背景、不同国家的人应当相互了解和尊重的意识。促进来华留学生理解各国间的相似性和差异性，在分析当下全球现状的情况下尊重多元文化，帮助他们树立正确的世界观、人生观和价值观。还可以开展

"中国概况"的课程思政等研究,通过需求调研和重新编排,将中国概况课程的内容进行再创造,立足本土,适合本校,拓展地域文化故事及校史故事等内容。丰富来华留学生认知中国的视角和体验,将针对留学生参观考察、社会实践、传统节日体验、专题文化讲座等中国国情和文化体验活动进行统一构思,让来华留学生在实践、体验中浸润式感知中国,构建多渠道、全方位的来华留学生"中国概况"文化教学体系。

2.2 "第二课堂"

留学生国情教育"第二课堂"的开展坚持以社会主义核心价值观为导向,以活动育人为原则,以针对性、时效性和实践性为基本遵循,通过打造"来华留学生教育实践基地"构筑实践平台,通过组建各种特色的学生社团彰显育人成果。

2.2.1 丰富育人内涵

广义上看,来华留学生的"第二课堂"即课堂教学之外的所有活动,同样面临着"培养什么人?怎样培养人?为谁培养人?"的问题,在展示中国形象、传播中国文化的同时,也肩负着阐释中国道路、描绘中国精神和传递中国价值的重任。因此,在来华留学生"第二课堂"的顶层设计中,坚持以社会主义核心价值观为导向,注重将当代中国特色社会主义建设的新理念、新举措、新成就贯穿来华留学生第二课堂活动的始终,进一步丰富第二课堂的育人内涵,引导来华留学生感知今日中国。比如,组织来华留学生观看新中国成立70周年庆祝大会实况和《厉害了我的国》等主旋律影片,加深留学生对新中国尤其是改革开放以来取得的辉煌成就的认知;组织留学生会主持召开网络视频会,通过线上线下相结合的方式热议习近平总书记给北京科技大学全体巴基斯坦留学生的回信;组织留学生参与《看中国·外国青年影像计划·重庆行》纪录片拍摄活动;引导学生关注中国"三农"问题;开展"情系中国结,献礼劳动者——留学生五一节致敬慰问中国平凡英雄"活动;安排留学生深入社区参与系列民俗体验活动,加强与当地市民的互动交流。

2.2.2 构筑育人平台

搭建来华留学生深度了解中国、开展"第二课堂"活动的平台,提供来华留学生专业实习实践的渠道,持续推进"来华留学生教育实践基地"建设。以基地为阵地,发挥留学生的专业优势,同时,在实践过程中,通过与企业、行业、学校的互动,近距离地领略中国文化的魅力和社会主义建设的伟大成就,为留学生国情教育"第二课堂"搭建育人平台和有效载体。

2.2.3 打造特色学生社团

社团是丰富留学生校园生活的重要途径之一。近年来,很多高校非常重视来华留学生社团建设,具体表现为留学生社团日臻成熟,涉及范围不断拓宽,社团数量不断增多,参与人数不断扩大,并且已经走出校园,开始注意服务地方和社区,与地方社区已经形成良好的互动与交流。留学生在参与社团、服务社团、建设社团的实践过程中,能深入了解中国和中国社会的现实情况。

2.2.4 充分发挥社区和朋辈的育人功能

组织来华留学生参与社区服务工作,紧密联系社区群众,通过留学生与社区邻里和谐关系的构建,了解社区街道干部服务群众的具体事件,完善、增进留学生对中国社会的认识与了解。同时,组建校友会和国际学生会,充分发挥留学生的朋辈引领作用,通过朋辈的切身体会和认识,引导留学生正确认识和了解中国国情和社会。

案例分享11 ▶

"汉语之星"大赛:紧扣时代脉搏　回归育人初心

▣ 意义背景 》》》

立德树人是教育的根本任务,是高校的立身之本。党的十八大以来,习近平总书记立足党和国家工作全局,围绕如何落实立德树人根本任务发表一系列重要讲话,做出一系列重要指示批示。坚持社会主义办学方向的来华留学教育,同样要回答"培养什么人、怎样培养人、为谁培养人"的教育根本问题。

在2021年——中国共产党建党百年之际,党中央在全党开展中共党史学习教育,激励全党不忘初心、牢记使命,在新时代不断加强党的建设。随着党史学习教育在包括高校在内的各个行业如火如荼地开展,如何在来华留学教育中融入党史学习教育也成为了每位来华留学工作者需要考虑的问题。

与此同时,随着世纪疫情的暴发,大批留学生无法入境返校,诸多线下教学及校园活动被迫中断,来华留学教育遭受了巨大冲击。习近平总书记给北京科技大学全体巴基斯坦留学生的回信中阐释我国"生命至上"的疫情防控政策,号召留学生"多了解中国、多向世界讲讲你们所看到的中国,多同中国青年交流,同世界各国青年一道,携手为促进民心相通、推动构建人类命运共同体贡献力量"。

"汉语之星"大赛是西南大学来华留学生的一项学生活动品牌,自2008年首次在校园问世以来,已连续成功举办了16届。在百年变局和世纪疫情相互交叠的时代背景下,在来华留学提质增效、关注育人实效的发展阶段,2021年的西南大学"汉语之星"大赛是否如期举办?以何种形式举办?如何融入党史学习教育元素?如何调动境内境外学生的参与积极性?

实施过程

为了确保当年"汉语之星"大赛顺利实施,在2021年春季学期伊始,国际学院作为全校来华留学生的归口管理单位,牵头成立了以学院党委书记为组长,学院学生工作办公室为核心,学校宣传部、校史馆、新闻传媒学院等多家校内单位以及中外学生代表全程参与的工作组。经过工作组多轮商讨,确定了以下活动实施思路。

一、线上线下同步开展

经过工作组研判,我党百年华诞在即,创新举办一场融入党史元素、彰显育人实效的来华留学生汉语比赛具有很强的现实意义。再者,在来华留学工作发展停滞、学生活动疲软的疫情期,"汉语之星"的持续举办对于提振学校来华留学工作士气、向外界持续扩大"留学西大"的品牌影响具有重要意义。基于以上考虑,工作组确定了此次"汉语之星"大赛以"线下+线上"的形式如期开展,一方面以境内来华留学生为主力构建线下战队,确保比赛的现场效果;另一方面,在境外学生甚至境外校友之中,遴选10人组成的"线上帮帮团",并采取多平台全球直播的方式,确保比赛在境外学生中的参与度和关注度。

图4-1　2021年留学生"汉语之星"大赛线上帮帮团参与现场交流互动

二、中外学生同台竞技

为了融入党史学习教育等育人元素,创新引入中外学生同台竞技,选拔具有农学、药学、生物学、汉语国际教育等专业背景的中国学生,与来华留学生共同组队,在中国学生答题环节设计加入党史元素,并依托参赛者的专业背景就袁隆平与杂交水稻、中国抗疫政策与"西大48小时抗疫故事"等热点话题设计中外参赛者的问答与互动,达到中外学生协同育人的效果。此外,为了实现来华留学生国情教育和汉语知识能力考察的有机结合,在大赛原有听说读写四个环节的基础上，在各个环节植入了"巴渝文化""校史校情"的趣味问题，寓赛于乐、寓赛于学、寓赛于做，使中外学子进一步了解学校与在地文化，触摸发展变化中的中国，进一步了解建党、新中国成立的红色征程、峥嵘岁月，让党史学习教育深入人心。

图4-2　2021年留学生"汉语之星"大赛中外学生同台竞技

三、新旧媒体同频宣传

学期伊始通过微信公众号发布活动方案，并通过网络和纸质海报形式，在境内外学生中广泛征集大赛选手。活动开始前三天通过视频号发布选手介绍短片进行活动预热，同时释放大赛直播预约链接。大赛现场通过网络面向全球直播，并开启与"线上帮帮团"的视频连线。活动结束后，新华网、人民网、华龙网等主流媒体对活动进行了宣传报道。

实施效果

活动结束语后的第二天，恰逢习近平总书记给北京大学留学生回信，鼓励留学生"读懂中国共产党"，而此次"汉语之星"大赛正是国内彼时为数不多的在来华留学教育活动中融入党史学习教育元素的成功实践之一。该活动在新华网上的报道一经发出，随即获得国内外广泛关注，网络点击量累计逾110万次。活动线上直播期间,同时在线的峰值人数达8000余人,在境外内外留学生中起到了良好的育人效果,对于扩大"留学西大"品牌影响发挥了积极作用。

> **"汉语之星"在世界夜空闪耀**
> **——西南大学举办"汉语之星"大赛**
>
> 2021-06-22 10:56:09　　　　　　　　　浏览量:110.7万
> 重庆频道　　　　　　　　　　　　　　来源:新华社
>
> 新华社客户端重庆6月22日电(王鹏辉)21日晚,西南大学"汉语之星"大赛在西南大学国际学院报告厅举行。大赛旨在构筑汉语知识、中华文化、党史国情等交流学习平台,使来华学习的留学生进一步了解发展变化中的中国,用文化自信搭建中外学子的友谊桥梁。

图4-3　新华社报道2021年留学生"汉语之星"大赛情况

总结反思

来华留学教育活动需要在紧扣时代主题和把握国家政策的前提下,嗅探行业趋势,积极守正创新、提早谋划、前瞻设计。国情教育历来是来华留学教育的关注重点,"中国概况"类课程开设已久,相继出台的42号令和《规范》对国情教育已有具体表述和明确要求,特别是习近平总书记对留学生的多次回信为国情教育赋予了更加深刻的时代内涵。此次"汉语之星"大赛正是基于对以上宏观政策形势的把握,才得以完成对比赛赛制和内容的大胆创新,进而成功呼应留学生国情教育的时代主题。

在活动策划、实施和宣传过程中,要注重发挥网络新媒体的优势。一方面,受疫情影响,在境外学习的留学生无法亲身参与学校各类线下活动,线上学习的体验感堪忧。"汉语之星"大赛在疫情肆虐、校园活动几近中断的情况下逆势而上,采取"线下+线上"的方式为境内外学生提供了参赛渠道,获得了境外学生的一致好评。另一方面,学校充分利用新媒体平台,通过赛前微信推文宣传、团队介绍短视频等方式宣传造势,赛中通过多平台全球直播、网络连线境外校友、"最佳人气奖"观众投票等方式,增强实时关注度,赛后通过微信视频号、B站、抖音等平台投放赛况回顾短视频,扩大赛事品牌影响,最终实现了全网110万+的现象级传播。

图4-4　2021年留学生"汉语之星"大赛圆满落幕

案例分享12 ▶

留学生"中国家庭Host Family"项目:传递爱心友谊　感受多元文化

留学生"中国家庭Host Family"项目是由吉林大学国际教育学院发起的一项公益活动。该项目自2016年11月启动,至今举办七期,累计对接300个家庭和379名留学生。由国际学生辅导员具体实施,招募留学生和中国家庭,举行对接活动并定期回访，践行全方位立体的国情教育育人理念，实现了校园、社会、家庭三位一体的融合。

意义背景 》》》

留学生"中国家庭 Host Family"项目旨在搭建一个温馨的平台，架起留学生与中国家庭之间沟通交流的桥梁，使留学生可以从普通中国家庭中更加深入地了解中国文化，体验中国风情。此项目设计初衷是基于留学生渴望了解中国文化和普通中国家庭的真实生活；同时，中国家庭可以通过这个平台帮助留学生了解多元文化，培养家庭成员的跨文化交流能力，特别是有孩子的家庭可以让孩子跟上全球化浪潮，感受多元文化的熏陶，感受"地球村"的包容性文化魅力。

项目自推出以来受到留学生和中国家庭的广泛关注。活动最初得到学校海归教师的支持，后逐步扩展至社会家庭，是大家的爱心和公益心促成了这项活动。该项目对家庭无特殊要求，鼓励家庭在空闲时间，根据家庭计划邀请留学生到家做客，或参与到家庭户外活动中，传播中国文化。同时，此项活动也成为广受学生们欢迎和喜爱的活动之一，每期留学生报名均十分踊跃，屡次出现中国家庭"供不应求"的场面。希望留学生能够珍惜这样难得的感知中国家庭文化的机会，体验最真实的中国，与家庭友好沟通，在活动中收获国际友谊。

图4-5　留学生"中国家庭 Host Family"项目第四期合影

实施过程 »

项目每期按照"招募学生和中国家庭—组织对接活动—反馈评价"的流程推进实施。依据留学生和中国家庭招募情况，综合考量报名人数、家庭成员结构、所使用语言等诸多方面因素进行匹配，组织集体对接交流会。回访留学生与家庭的活动进展，吸纳宝贵建议。将每期收集到的展现温馨、快乐瞬间的活动照片制作成视频短片，在下一期对接活动中播放。使更多的学生和家庭了解项目进展情况，为其提供活动参考素材；同时记录留学生与中国家庭之间珍贵的美好回忆。

中国家庭和留学生报名后就期待着双方见面的日子。学生经常询问什么时候组织对接活动，此次报名是否能够如愿对接到中国家庭等问题。有的中国家庭和留学生多期连续报名，还有的参与团体对接、集体活动。中国家庭亲切地询问留学生学业生活的点点滴滴，关注其是否适应在中国的学习生活，并邀请学生在节假日去家中做客或共同出游，感受中国的家庭氛围和中国传统节日气氛。留学生热情开朗，积极通过中英文或家庭成员掌握的其他语言，如日语、俄语等，与中国家庭交流，虽然偶尔有语言交流不通畅的情况，但借助翻译软件等克服了障碍。学生们热切地分享他们的经历，脸上始终洋溢着笑容，对接会现场总能听到阵阵欢声笑语。

在对接活动中，邀请往期留学生和家庭分享其参与留学生对接中国家庭项目的切身体会与感受，并邀请新加入的学生和家庭代表表达其期许与寄语。很多家庭表示报名参加这个活动源于自身海外求学的相似经历或其子女、学生在国外寄宿家庭的感受，希望将这份爱传递下去，共享文化盛宴。从自身实践出发，分享有此经历的学生对于当地的文化及风土人情有着更为深刻的了解，同时外语水平也得到了有效提升。留学生十分期待这样的项目，有的学生已经离开自己的家乡近十年了，时常感到没有家人陪伴在身边的空虚与孤独，所以希望通过这类活动感受到家庭的温暖气氛，期待在异国他乡可以找到自己的心灵依靠——"第二个家"。

图4-6　留学生"中国家庭Host Family"项目活动对接会现场

实施效果 》》

　　留学生"中国家庭Host Family"项目是留学生和家庭双赢的平台。中国家庭将热情与关爱传递给留学生,通过这个项目收获与留学生的文化交融,在全球化的大环境下了解多元文化,提升交流能力;同时将那份曾在异国他乡感受到的温暖与爱传递下去。留学生通过活动不仅了解了中国文化,认识了热情好客、关心在乎他们的家庭成员,并且找到了在中国的"家",找到了久违的归属感。留学生表示,他们在中国不仅能学到知识,更能通过这样的活动了解中国文化,熟悉中国人的生活方式,对接的中国家庭给他们带来了久违的家的温暖,同时也感受到了中国文化中对于家庭关系的重视。泰国学生萧桂兰的父母来中国特意拜访了她在中国的对接家庭。萧桂兰说:"我在泰国有家,在中国也有家。"巴基斯坦学生Abbas Khan说他遇到了很好的一家人,在离家乡很远的地方,感受到了家的温馨。家庭并非一定要血脉相通,把自己最温暖的一颗心、最温暖的一丝笑容传达给彼此,即使国家不同、民族不同、语言不通,也可以成为家人。

图4-7 留学生"中国家庭Host Family"项目留学生与中国家庭互动交流

曾参与多期对接家庭活动的王晓红表示,作为中国公民,积极参与对外交流正是公民意识的最好体现。让来到长春留学的学生们切实体会到长春的包容、友善、奋进、发展的城市风貌,这的确是件有意义的事,值得去付出、去做点什么。谈到对接的留学生,她的脸上洋溢着幸福的笑容,孩子们生病时她总是第一时间去寝室探望,孩子们像家人一样,还会把自己的小秘密与王妈妈分享。参与对接活动的孙良国老师表示,人类只有一个地球,各国共处一个世界,要践行"人类命运共同体"的倡议,共同承担时代赋予我们的责任,促进全球的发展,我们应重视加强文化交流,这样的活动不可或缺。我们要讲好中国故事,传播中国声音,同时为人类共同的目标努力奋进。很多家庭表示他们很高兴能参与这样的活动,并愿意尽心尽力帮助留学生了解中国、体验中国并爱上中国。

总结反思 >>>

留学生"中国家庭Host Family"项目已经成为留学生了解中国、体验中国的一个重要窗口,也是国情教育的重要载体。通过活动有所收获,增进彼此间的相互理解。我们能感受到参与项目的学生们有着明显变化,更加努力学习、积极向上,越来越懂得感恩。中国家庭给予他们的关怀和温暖,增强了他们的认同感,缓解了他们的乡愁,使他们的内心更加平安、幸福。希望跨越国界的交流可以建立长久深厚的国际友谊,成为人生中一段美丽的回忆!

由衷地感谢参与此爱心项目的中国家庭。遗憾的是仍有很多留学生想参与这样的活动,但因为报名家庭有限而无缘。如何招募更多开放包容的中国家庭加入这个大家庭将成为新的课题。

第三节

来华留学生国情教育质量评估标准

随着国际中文教育的高质量发展,来华留学生国情教育逐渐受到重视,各高校都在积极地开展来华留学生国情教育实践,但是如何评价来华留学生国情教育的效果,目前学界和权威部门尚未出台比较科学的效果评估标准,鉴于此,本研究在充分调研的基础上,尝试制订来华留学生中国国情教育效果评估标准。

1.评估标准制订依据

本研究制订来华留学生国情教育效果评估标准的主要依据为《学校招收和培养国际学生管理办法》(教育部、外交部、公安部第42号令)、《来华留学生高等教育质量规范(试行)》,习近平总书记在中共中央政治局第五次集体学习时的重要讲话精神及给北京科技大学、北京大学、中国石油大学、南京审计大学留学生的系列回信精神。

2017年6月,教育部、外交部和公安部联合出台了《学校招收和培养国际学生管理办法》(第42号令),要求国务院教育行政部门建立健全留学生培养质量监督制度。省、自治区、直辖市教育行政部门应当对本行政区域的留学生培养进行监督。因此,来华留学生国情教育效果评估标准的制订是健全留学生培养质量监督制度的重要举措之一。

2018年9月,教育部颁布了《来华留学生高等教育质量规范(试行)》,明确了来华留学生教育质量的主体和地位,是高等学校和其他高等教育机构开展来华留学生教育的基本准则,是高等学校等高等教育机构完善来华留学生教育内部质量保障、开展自我评价的基本依据,也是各类教育评价机构开展来华留学生高等教育评价的基本依据。《规范》中的培养目标为来华留学生国情教育效果评估标准的制订指明了方向,比如,在学科专业水平、对中国的认识和理解、语言能力、跨文化与全球胜任力等方面,都做出了明确具体的规定。

2023年5月,习近平总书记在中共中央政治局第五次集体学习时强调,要积极参与全球教育治理,大力推进"留学中国"品牌建设,讲好中国故事、传播中国经验、发出中国声音,增强我国教育的国际影响力和话语权。

2020年5月,习近平总书记给北京科技大学留学生回信,表示"中国欢迎各国优秀青年来华学习深造,也希望大家多了解中国、多向世界讲讲你们所看到的中国,多同中国青年交流,同世界各国青年一道,携手为促进民心相通、推动构建人类命运共同体贡献力量"。2021年6月,习近平总书记给北京大学留学生的回信,指出留学生要读懂今天的中国,必须读懂中国共产党。要了解真实的中国,要多到中国各地走走看看,并把自己的想法和体会介绍给更多的人,为促进各国人民民心相通发挥积极作用。2023年5月,习近平总书记复信中国石油大学(北京)的中亚留学生,强调他们是中国中亚关系的见证者、受益者,更是建设者和传播者。希望他们积极投身中国同中亚国家友好事业,弘扬丝路精神,讲好中国故事、中亚故事,当好友谊使者和合作桥梁,为构建更加紧密的中国－中亚命运共同体作出自己的贡献。2023年7月,习近平总书记给南京审计大学审计专业硕士国际班的留学生回信,充分肯定他们对中国的审计制度、对中国特色社会主义和中国共产党的认识,希望他们与中国同行加强交流、互学互鉴,通过审计这个窗口了解中国、读懂中国,为深化国家间友谊与合作积极贡献力量。习近平总书记的四次回信均殷切希望来华留学生多了解中国国情,传播中国故事,努力成为促进中外民心相通、构建人类命运共同体的重要力量。

在教育评估领域,标准化的指标逐渐成为教育活动评价的主要手段。美国学者耶格(Jaeger)认为,任何能够表征研究对象或者其成分的综合状态或变化的变量都应该称为指标。[①]具体到教育评价领域,刘智华等人(2020)认为,教育指标是表征教育现状和质量的,具体到学校就是呈现学校运行的具体过程,是学校教育有效与否、哪些地方有问题的标志。[②]Blank(1993)在选择教育指标时提取了六个核心概念:学生结果、参与度、课程内容、教师质量、学校条件、资源,并根据重要性、有用性、具有技术质量、可行性选择优先指标。[③]

基于上述理论基础和指导性文件,结合教育教学实际,参照《来华留学生高等教育质量认证标准》,本研究从宗旨与规划、组织与保障、主体与方式、育人成果、效益与传播、质量监控等六个方面,尝试构建来华留学生国情教育评估标准的三级指标体系。

2.评估标准指标体系

本研究制订的来华留学生国情教育质量评估标准共有一级指标6个,二级指标13个,三级指标38个。具体情况见下表4-5。

[①] JAEGER R M. About educational indicators: statistics on the conditions and trends in education[J]. Review of research in education, 1978, 6: 276-315.
[②] 刘智华,田婷,杨向东.教育指标系统:概念、理论模型与构建模式[J].中国成人教育,2020(2):14-18.
[③] BLANK R K. Developing a system of education indicators: selecting, implementing, and reporting indicators[J]. Educational evaluation and policy analysis, 1993, 1: 65-80.

表4-5 来华留学生国情教育质量评估标准的三级指标体系

一级指标	二级指标	三级指标	指标说明
1.宗旨与规划（8分）	1.1指导思想（4）	1.1.1教育理念（2分）	对来华留学生国情教育认识全面，来华留学生国情教育理念清晰，符合服务国家和地方发展阶段需要，遵循国际人才培养规律，切合学校具体情况和来华留学生的实际需求。
		1.1.2目标定位（2分）	来华留学生国情教育目标明确，定位清晰，将其作为来华留学生教育的重要组成部分和来华留学生教育提质增效的重要抓手。扎根中国大地，建设国家级、地区级或校级来华留学生国情教育特色品牌。
	1.2战略规划（4分）	1.2.1发展战略（2分）	根据国家政策方针，注重顶层设计，将来华留学生国情教育纳入学校或学院中长期发展规划，规划目标任务明确、科学、合理。
		1.2.2执行管理（2分）	学校或学院围绕来华留学生国情教育发展规划，制定年度工作计划，落实执行工作计划。
2.组织与保障（12分）	2.1治理架构（4分）	2.1.1组织领导（2分）	坚持党的领导，建立来华留学生国情教育领导机制，统筹协调多方力量和资源协同育人。
		2.1.2制度文件（2分）	制定来华留学生国情教育管理和服务制度，根据国家最新来华留学相关政策法规及时修订完善。
	2.2条件保障（8分）	2.2.1后勤服务（1分）	建有完善的后勤服务保障体系，及时提供服务保障。
		2.2.2实践条件（1分）	建有来华留学生文化体验、社会实践、专业实践基地，能够为来华留学生提供文化体验、实践机会和场所。
		2.2.3课程建设（5分）	建设优质的来华留学生国情教育课程体系。
		2.2.4平台搭建（1分）	组建有效的来华留学生国情教育平台，有利促进来华留学生国情教育发展。
3.主体与方式（40分）	3.1教育主体（20分）	3.1.1师资队伍（5分）	设置国情教育相关专业的专门教师从事来华留学国情教育教学。
		3.1.2"留管"队伍（5分）	建设经验丰富、具备跨文化交流能力的"留管"队伍。
		3.1.3专家团队（5分）	组织、协调院内外或校内外专家、名师，成立来华留学生国情教育专家团队，定期举行国情教育活动（如沙龙、讲座、论坛等），讲好"中国故事"。

续表

一级指标	二级指标	三级指标	指标说明
3.主体与方式（40分）	3.1教育主体（20分）	3.1.4学生社团（3分）	设有留学生学生社团(如学生会、俱乐部、服务队等)，通过丰富的社团活动，助力国情教育。
		3.1.5校友会（2分）	设有国际学生校友会，通过校友之间交流，传播中国故事。
	3.2教育方式（20分）	3.2.1第一课堂（5分）	开设比较全面的专业发展课程(如综合汉语等)和相关选修课程、必修课程(如中国概况等)，通过课程教学，开展来华留学生国情教育。
		3.2.2第二课堂（5分）	通过组织开展各种活动(如社会实践、文化活动、学术沙龙等)，以"讲好中国故事"为着力点，开展中国国情、历史史情、区域地情、就读学校校情等国情教育。
		3.2.3网络育人（5分）	利用网站、公众号、官微、软件(如钉钉)等平台，拓展育人形式，开展如在线讲座、线上比赛、直播、线上线下混合的来华留学生国情教育或教学活动。
		3.2.4过程育人（5分）	将来华留学生国情教育贯穿在留学生在华求学的整个学段，在整个过程中进行国情教育。
4.育人成果（14）	4.2科研成果（4分）	4.2.1论文发表（1分）	依托来华留学生国情教育实践，在核心期刊上发表高质量的相关学术论文。
		4.2.2著作出版（1分）	依托来华留学生国情教育实践，出版相关学术著作。
		4.2.3项目立项（1分）	依托来华留学生国情教育实践，申请并获批相关科研项目。
		4.2.4咨政报告（1分）	依托来华留学生国情教育实践，认真剖析教育成果，撰写并获批相关咨政报告。
	4.3评优获奖（4分）	4.3.1主体获奖（2分）	基于来华留学生国情教育实践，教育主体荣获国家、省市或学校级奖项。
		4.3.2学生获奖（2分）	在来华留学生国情教育实践过程中，学生因表现突出，荣获国家、省市或学校级奖项。
	4.4特色亮点（6分）	4.4.1品牌打造（2分）	基于有特色的来华留学生国情教育实践，打造来华留学生国情教育品牌，并获得国家、省市或学校认可和肯定。
		4.4.2模式构建（2分）	基于来华留学生国情教育实践，验证并构建科学可行、高效的来华留学生国情教育模式。

续表

一级指标	二级指标	三级指标	指标说明
4.育人成果（14）	4.4特色亮点（6分）	4.4.3案例撰写（2分）	基于来华留学生国情教育实践经验，撰写出可推广的、典型案例。
5.效益与传播（8分）	5.1社会效益（2分）	5.1.1社会交流（1分）	基于来华留学生国情教育实践，如委托项目或任务，推动中外经济、人文领域交流。
		5.1.2社会好评（1分）	来华留学生国情教育获得行业、学校、地区或国家、境外的认可和好评。
	5.2传播宣传（6分）	5.2.1采访刊载（3分）	因来华留学生国情教育活动接受媒体（含新媒体）采访报道，或教育活动因实施成功在主流电视、新闻、报纸、网络等媒体上得以刊载传播。
		5.2.2平台宣传（3分）	建有宣传顺畅、高效、覆盖面较广的宣传平台，及时将来华留学生国情教育的成果与效果宣传出去。
6.质量监控（18分）	6.1组织机制（6分）	6.1.1监控体系（3分）	来华留学生国情教育质量保障体系健全，决策、执行、评价、信息反馈和改进等环节完整、衔接紧密、运行良好，持续促进来华留学中国国情教育宗旨和目标的实现。
		6.1.2监控机制（3分）	建有来华留学生国情教育质量监控机制，对来华留学生国情教育全过程实施监控，每个过程或环节设有独立的质量监控体系，确保每个过程或环节顺利有效地实施。
	6.2监控范畴（12分）	6.2.1教学监控（3分）	来华留学生国情教育教学质量监控包括教学检查评估、教学督导、学生评教等，纳入学校或学院教学质量监控整体工作或专门实施。
		6.2.2管理服务监控（3分）	建有来华留学生管理与服务工作机制，保证来华留学生国情教育管理服务体系正常运行。
		6.2.3学生满意度（3分）	建有来华留学生国情教育满意度调查机制，定期开展满意度调查工作，常态化掌握来华留学生对教育教学和管理服务的基本态度和意见建议。
		6.2.4反馈改进机制（3分）	建有通畅、有效的来华留学生国情教育效果反馈机制，明确责任主体，发挥实质作用，有效改进工作。

3.评估标准使用

评价以小组或团体为单位,小组成员按照指标逐级进行独立自主评价,评价分数取整数。

首先,对三级指标进行评价打分。评价小组严格按照三级指标说明打分,小组成员对每项指标独立自主打分,但是小组成员之间每项指标评分差距控制在1分以内,若超过1分需要小组成员协商评定最后分数。

其次,计算二级指标的总分和标准差。二级指标的总分便于计算出一级指标的总分。二级指标的标准差能够深入、客观、真实地反映国情教育效果。在二级指标总分相同的情况,标准差越小说明国情教育评价越客观。

第三,计算一级指标的总分和整体总分,给出一个定性的评价,即"优秀""良好""中等""及格""不及格"。根据二级指标的评分计算出一级指标的总分,然后计算出整体总分。评估标准满分为100分,整体总分90~100分为"优秀",80~89分为"良好",70~79分为"中等",60~69分为"及格",60分以下为"不及格"。

第四,指出存在的问题,提出整改建议。评价小组对每项扣分指标,都需要给出扣分的说明,便于被评价单位整改完善国情教育实践。整体总分评为"不及格"的单位需要针对所指出的问题,结合自身实际情况,进行整改。

主要参考文献

1.BLANK R K. Developing a System of Education Indicators: Selecting, Implementing, and Reporting Indicators[J]. Educational Evaluation and Policy Analysis, 1993,1:65-80.

2.Deaux K. Reconstructing social identity[J]. Personality and Social Psychology Bulletin, 1993, 19: 4-12.

3.Huntington S. P. The Clash of Civilizations and the Remaking of World Order[M]. New York: Simon & Schuter, 2002: 127-140.

4.JAEGER R M. About Educational Indicators: Statistics on the Conditions and Trends in Education[J].Review of Research in Education,1978,6:276-315.

5.北京大学国际合作部.燕园流云——世界舞台上的北大外国留学生[M].北京:北京大学出版社,2010.

6.陈红.国情教育:以立人为导向[J].思想政治课教学,2020(5):32-34.

7.陈秀琼,袁媛.教育国际化背景下来华留学生中国国情教育的路径探索——以福建省5所高校调查为例[J].高校辅导员学刊,2020,12(3):87-91.

8.代红伟.亚洲来华留学生思想道德教育研究[D].南昌航空大学,2015.

9.关世杰.跨文化交流学[M].北京:北京大学出版社,1995.

10.郭良夫.感人的学习热情——记北京大学外国留学生中国语文专修班[N].人民日报,1953-11-15(03).

11.郭鹏,程龙,姜西良.中国概况[M],北京:高等教育出版社,2011.

12.胡丹,戴丽.中国现代媒介批评的"学理性"探究[J].中华文化与传播研究,2021(02):72-85.

13. 胡国清,张雪.来华留学生中国国情教育的基本原则[J].纺织服装教育,2020,35(4):283-287.

14. 胡国清,张雪.对话理论视域下留学生中国国情教育教学探析[J].海外华文教育,2020(3).

15. 胡清国,雷娇."三全育人"视域下来华留学生教育管理研究[J].纺织服装教育,2021,36(6):503-508.

16. 黄琼.三全育人视域下中医药院校留学生教育的探究[J].中国中医药现代远程教育,2022,20(17):194-196.

17. 黄卓明,吕兆格.国际学生中国概况课程建设研究与实践[J].云南师范大学学报,2020:18(3).

18. 贾兆义,赵宝永.来华留学生中国国情教育路径研究[J].世界教育信息,2022,35(7):36-41.

19. 课题组.提升我国教育世界影响力——习近平总书记关于教育的重要论述学习研究之十二[J].教育研究,2022,43(12):4-14.

20. 李斐.武汉大学外国留学生教育发展史[M].武汉:武汉大学出版社,2017:32-38.

21. 刘承功.高校"三全育人"的核心要求、目标任务和实现路径[J].思想理论教育,2019(11):92-95+111.

22. 刘智华,田婷,杨向东.教育指标系统:概念、理论模型与构建模式[J].中国成人教育,2020(2):14-18.

23. 罗道全.高校必须加强国情教育[J].求实,2013(A2):232-234.

24. 吕卫东.乡村振兴背景下来华留学生国情教育路径创新研究[J].核农学报,2022,36(07):1503-1504.

25. 马晓娜,吕军.移动互联环境下中国文化课智慧教学模式研究——以来华留学生《中国文化概览》为例[J].中国教育信息化,2020(20):81-83.

26. 沈庶英.来华留学生课程思政:基于学科交叉的统整建构[J].教育研究,2021(6):92-99.

27.苏寿桐.国情教育浅议[J].课程·教材·教法,1991(12):9-12.

28.王晓岚.来华留学生中国国情教育的探索与实践[J].黄河水利职业技术学院学报,2021,33(01):78-81.

29.王艺潼."三全育人"视域下来华留学生思想教育路径探究——以江苏信息职业技术学院为例[J].佳木斯职业学院学报,2022(01):119-121.

30.韦莉莉."三全育人"在职业教育领域实施的理念与路径[J].职业技术教育,2019,40(35):73-76.

31.吴中伟,胡文华.中国概况[M].上海:复旦大学出版社,2021.

32.习近平在全国高校思想政治工作会议上强调:把思想政治工作贯穿教育教学全过程 开创我国高等教育事业发展新局面[N].人民日报,2016-12-09.

33.徐蓓佳.国情教育视域下如何向来华留学生讲好中国故事[J].湖南广播电视大学学报,2022(01).

34.闫鹏,吴家华.社会主义核心价值观认同转化论析[J].江淮论坛,2020,(06):92-98.

35.杨晓慧."三全育人"视域下的高校德育实践研究——以来华留学生为例[J].佳木斯职业学院学报,2022(06):129-131.

36.叶荔辉.隐性教育中的群际融合路径研究——基于545名来华留学生的质性访谈和实证研究[J].思想教育研究,2020(07).

37.伊小素.来华留学生中国国情教育模式的新探索[J].神州学人,2022(10):36-39

38.张睿.协同论视域下高校"三全育人"实施的机理与路径[J].思想理论教育,2020(1):101-106.

39.张祥云,陈莉.人文教育"体验"论[J].大学教育科学,2012(03).

40.张知愀,温广瑞,王美玲等.来华留学生"课程思政"实施现状与展望初探——基于高校教师视角[J].陕西教育(高教),2022(12):10-12.

41.章津,陈晔,蒋小梅,王颖.基于"三全育人"理念的来华医学留学生思想教育"四位一体"模式初探[J].浙江中医药大学学报,2022,46(2):211-214.

42.郑晓云.文化认同论[M].北京:中国社会科学出版社,1992.

43.朱平.辅导员在高校"三全育人"中的角色与定位——兼论"育人"的特点与功能[J].思想理论教育,2020(03).

44.朱晓琪,刘博京,杨伊."三全育人"理念下医学留学生医德教育创新模式研究[J].校园心理,2021,19(2):185-188.

45.祖晓梅,陆平舟.中国文化课的改革与建设——以《中国概况》为例[J].世界汉语教学,2006(3).

后记

本书以《学校招收和培养国际学生管理办法》(42号令)《来华留学生高等教育质量规范(试行)》以及习近平总书记4次给来华留学生的重要回信精神为指导,在西南大学牵头、重庆市高校参与的"缙云知华"国际学生辅导员/班主任工作坊这一平台成功搭建后着手写作。书稿联合重庆市7所高校共同创作完成,凝聚了留学生辅导员、管理人员和一线教师的理论思考和实践探索,全国7所高校分享来华留学生国情教育典型案例,全国16所重点院校分管来华留学工作的处长/院长对来华留学生国情教育质量评估标准(三级指标体系)提出宝贵意见。

本书不固步于经验分享,而是致力于将经验转化为理论体系,旨在为读者呈现一个符合新时代背景的来华留学生国情教育体系。本书以"历史—理论—实践"为线索:首先回顾来华留学生国情教育的历史背景、时代背景和核心概念;再从育人主体、时空经纬、场域空间三个维度明晰来华留学生国情教育体系建构;最后基于来华留学生国情教育体系进行实践探索。在挖掘来华留学生国情教育"十大"育人体系过程中,我们意识到在教育实践中仍然存在诸多问题和挑战,从而产生了构建来华留学生国情教育质量评价标准的想法。由于篇幅有限以及研究不够深入,本书对于评价体系的设计还需要进一步完善,这也是"缙云知华"国际学生辅导员/班主任工作坊今后研究的重要方向。

本书由西南大学国际学院党委书记刘猛和国际学院原院长刘承宇教授共同主编,西南大学周琪教授给予本书重要指导意见,西南大学杨昆和仇淼整理、校对全书。感谢所有参与和支持本书编写工作的留学生辅导员、管理人员和一线教师,正是大家不断总结经验、深化理论,才能以此书为媒,与全国高校的同仁进行交流,并分享研究成果。我们相信,在大家的共同努力下,来华留学生国情教育一定会取得更加丰硕的成果,为讲好中国故事、传播中国经验、发出中国声音、构建人类命运共同体提供不竭动力!

后记

以下为参与本书各章撰写的作者（排名不分先后）：

第一章：西南大学舒敬斌、杨昆。

第二章：西南大学杨昆；重庆对外经贸学院王潇、罗瑞林。

第三章：西南大学杨甜、马若晨、汪鑫阳、景柯沥、李丹、王湛明、刘妍苓、冯雪、胡洪瑜、罗昕、黄无为；重庆大学毛俊涵、蔡忆；华中科技大学黄超；华东师范大学章璐；西北农林科技大学程尚志、裴志超；中国政法大学赵晓萌；南方医科大学吴佩贤；西南政法大学李婷婷、邹丹；浙江师范大学沈立煌；西北师范大学江琦；四川外国语大学钟南征、柳真红；重庆邮电大学刘明、何雨桑、李真真；重庆工商大学杜晓；长江师范学院刘萧；桂林航天工业学院吴宗燕。

第四章：西南大学舒敬斌、仇淼、王雪、杨昆、林千彭；吉林大学李悦；重庆师范大学匡渝渝。